カムイの世界

語り継がれるアイヌの心

内みさ
堀内昭彦

とんぼの本
新潮社

目次

根室半島の温根沼（おんねとう）。
12月初旬の陽が昇る前、湖上に霧が漂い始めた。

カムイ

神

7月、雲海に浮かぶカムイヌプリ（摩周岳）。
「神の山」として、アイヌの人々から崇められてきた。

早朝の阿寒摩周国立公園。
太陽の神はアイヌ語でトカㇷ゚チュㇷ゚カムイ。
東の方角も神聖視されている。

斜里岳

ヌプリ

本来狩猟採集民族のアイヌの人々にとって、山は狩りを行う場所だった。「今も『登山』という概念はない」と言う人もいる。上川《かみかわ》地方の古老は、「山に入る前はオンカミ（礼拝）をし、獲物が捕れたときは、その一部を山のカムイに捧げて帰ってくるものだった」と言う。

千歳市ウサクマイC遺跡

ニタイ

森はアイヌの人々の、いわば食糧庫。「俺らはペッ（川）とニタイ（森）があれば生きていける」と言う人もいる。中でも樹木は、それぞれの特質を生かして衣食住さまざまに活用された。薬にも用いられ、キハダ（アイヌ語ではシケㇾペ）の黒い実は胃腸、シラカバの樹液は肝臓や糖尿など内臓系に効くという。特にシラカバ樹液は雪解け時期の1ヶ月ほどしか採取できない貴重なもの。1本の木から、多いもので1シーズン100〜200リットルほど採取できる。

沙流川

ペッ

「川は、サケと同じで海から山に上っていく生き物。高いところから低いところへ流れるとは考えない」と旭川の古老は言う。また水のカムイ、ワッカウシカムイが暮らすとされ、水や食べ物を与えてくれる場所でもあることから、川の水を汚さないことは鉄則だった。昔は主要な交通路でもあり、「ハイウェイだった」という。

白糠地方の海

アトゥイ

海で一番偉いカムイはシャチ。なぜなら「人間も動物も鳥も、みんな大好きなクジラ（アイヌ語でフンペ）」を追いかけ、浜に打ち上げてくれるから。「昔はシャチが夜中にキンキーンって鳴いたら、みんな浜辺に行って寄りクジラが上がっていないか見たらしい」と海沿いに暮らす古老は言う。道東の白糠《しらぬか》地方には、かつて海岸に寄り上がったクジラで飢餓から救われたことに感謝を表す踊り、フンペリムセが伝承されている。

雄阿寒岳を望む

レラ

「風のカムイは夫婦で飛び回っていると伝わっている」と白老《しらおい》の古老は言う。「昔は家の軒先に鎌をぶらさげておき、風のカムイが暴れると、刃物を突き立てたらしい。刃物で風のカムイが切れると考えていたのだろう」。

知床

ワッカ

「水と聞いて何を連想する？　俺らはしずくと考える。木のしずく、つららのしずく、その一滴が命を救うから」とある古老。冬の数ヶ月、氷雪の中で暮らしてきたアイヌの人々ならではの自然観だ。今も新年になると、水の湧き出る場所で祈りを捧げるという家族もいる。

船上からの知床半島。
何百万年という年月をかけて生まれた造形美に、
人の力を超えた大いなるものの存在を感じる。

キムンカムイ

「アイヌ語で熊の呼び名は82もある」と旭川の古老は言う。それほど熊はカムイの中でも位が高く、山のカムイとも呼ばれるが、名前を言葉にするのも畏れ多い存在として、単に「イ（それ）」と呼ばれることもある。一見愛らしい子グマでも、野生の姿を間近に見ると、カムイの風格と同時に、一線を越えてはいけない畏れを感じる。

コタンコロカムイ

シマフクロウは、国を守るカムイ、またはコタン（集落）を守るカムイと呼ばれている。アイヌの神話では国土造りの際、国造りの神と造化の女神が、妨害する魔神たちから国土を守るため、シマフクロウを夜の見張り役に任命したとされている。一つの沢にひとつがいで暮らし、30年ほど生きることから、昔は毎晩鳴き声を耳にする身近な存在だったにちがいない。

カムイチェプ

直訳すると「カムイの魚」。アイヌの人々の伝承によれば、サケは「チェプサンケカムイ」というカムイの握っている袋の中にいて、そのカムイが人間界へ授けてくれるとされている。もっとも、川を遡上するサケの数は、熊や狐など、サケを食べるすべての動物にも行き渡るようになっているので、人間だけが独り占めしてはならないと、ユカㇻ（口承文芸のひとつ）では戒めている。

サロルンカムイ

鳥の中でも品格が際立つ丹頂鶴は、湿原のカムイと呼ばれる。鳴き声がまさに雪原に響き渡り、こだまするさまは、「鶴の一声」。鶴の動きを模した踊りは、さまざまな地域で伝承されている。

木を削って作られるイナウは、
カムイと人間を取り持つ存在。
カムイが最も喜ぶ贈物にもなる。

火はアペフチカムイと呼ばれ、
祈りの言葉を他のカムイへ届けてくれる
大切な仲介役となる。

カムイに会いに

カムイとはどんな存在？ 出会ったアイヌの人たちに、ことあるごとに尋ねたことがある。

「人間の力の及ばないものすべて」

「畏れ、敬う。それしかないね」

そう言う人もいれば、

「空気や水、太陽……。ありがたいと思うものはみんなカムイ。偶像崇拝じゃないんだよ」

と言う人もいる。中には、

「下手なことができない、手に負えない存在。自然が身近な分、手に負えない感覚も本気でわかる。だから、カムイの存在を自分自身に言い聞かせ、それに心を配ることが大事だと思っている」

と話してくれた人もいた。一方、

「八《や》百万《およろず》の神様と日本人も言うだろう。それと一緒だ」

そう語った古老の住む白老地方では、サケを迎える儀式のときに、海と山、両方の猟を司るカムイにはじまり、水のカムイ、水源のカムイ、そして河口のカムイなど、多くのカムイに祈りを捧げる。つまり、「川に遡上するサケひとつ、いろいろなカムイの連携の上に成り立っている」と捉えているのだ。

「身近だけれど、手が届かないもの。有難いけれど、恐ろしいもの」

時間をかけてそう話してくれたのは、釧路地方の古老。

「アイヌは、『6』という数字をとても大切にしている。その理由は、この宇宙には、生命を総括する6つのカムイが存在するという言い伝えが信じられているから。つまり、リクンカントモシㇼカムイ（宇宙創造のカムイ）、カントコㇿカムイ（天を司るカムイ）、モシリコㇿカムイ（国土造りのカムイ）、イカッカㇻカムイ（生命造りのカムイ）、アペカムイ（火のカムイ　この地方ではそう呼ぶ）、ワッカウㇱカムイ（水のカムイ）。でも飛行機のない時代に、なぜ空の上に宇宙があるとわかったのかな」

アイヌの人々が考えるカムイは、通常カムイモシㇼと呼ばれるカムイの国で、人間と同じ姿をして暮らしている。だが、時折動物や植物、自然現象などさまざまな形に姿を変え、役割を持って人間の国、アイヌモシㇼへやってくる。つまり、この人間界には、そこかしこに姿を変えたカムイたちが存在する、ということだ。

もっとも、すべてが善いカムイというわけではない。中には人間に災いをもたらすカムイもいる。流行病《はやりやまい》などの病気や浮気は、疫病神や淫魔のせい。だからそれを祓《はら》うため、昔は「タクサ」と呼ばれるササや種のついたヨモギ、また地域によっては、エゾイチゴの葉などを束ねた祓い具で、「フッサフッサ」と言いながら、憑《つ》かれた人の体を叩いたという。

儀式で唱える祈りの言葉も、

「悪いカムイに気づかれないよう、わざと小さく言うときがある」

そう話す古老もいる。

「特に大きな儀式では、火のカムイにお供えするとき、わざと魚のひれやしっぽ、野草を乾燥させたものを燃やして、ここにはこんな粗末なものしかないから、他の豊かな村に行った方がいいよと言うこともある」と。

もっとも、そんな悪いカムイも、ときと場合によっては人を助ける善いカムイになる。たとえばアイヌの伝説に登場する、翼を持った大蛇と考えられているホヤウカムイ(蛇神)は、ひどい悪臭を放つ怪魔。近づくと全身が焼けただれ、死に至らしめる力を持っている。だが一方、ある集落で疫病神が疱瘡(天然痘)を流行させたときは、持ち前の悪臭で疫病神を追い払ったと言い伝えられている。

天から役目なしに降ろされたものはひとつもない——アイヌの有名なことわざは、カムイにもあてはまる、ということだろう。


カムイノミとは、そんなカムイたちに祈りを捧げること。

オンカミとは、カムイたちに畏敬の念を持って礼拝すること。

アイヌの人々の目線で北の地を旅すると、この大地が、より豊かに生き生きと感じられる。

カムイ宿る大地へ、ようこそ。

ユク

鹿は、サケと同様鹿自体がカムイではなく、ユクコロカムイという、鹿を送り出すカムイがいると考えられている。「それについてうちの親爺は、昔悪いことをしたからカムイの名をもらえなかったのかなと話していた」とある古老。一方、「すべてがカムイだから鹿もやっぱりカムイだ」と言う人も。

アイヌ関連地図

❶まりも祭り
釧路市阿寒町阿寒湖温泉
10月8日～10日

❷オッパイ山大祭
上士幌町字上音更東3線
東泉園ウタリの森
７月上旬の日曜

❸シンヌラッパ
白老町ポンアヨロ海岸
7月中旬

❹アシㇼチェㇷ゚ノミ
千歳市蘭越47-21 長沼用水取水口
名水ふれあい公園の千歳川対岸
9月初旬の日曜

❺チㇷ゚サンケ
平取町二風谷「二風谷コタン」周辺
8月お盆明け最初の土日

❻ノッカマップ・イチャルパ
根室市ノッカマップ岬　9月上旬

❼嵐山チノミシㇼ
鷹栖町字近文9線西4号
「アイヌ文化の森・伝承のコタン」
時期は上記「川村カ子トアイヌ記念館」で要確認

❽層雲峡温泉　渓谷火まつり
フクロウ神事
上川町層雲峡特設ステージ
7月下旬

❾シャクシャイン法要祭
新ひだか町静内真歌　真歌公園
シャクシャイン記念館
9月中旬

❿フンペ祭り
白糠町東3条北1丁目2-27
パシクル海岸
アイヌ文化活動施設「ウレㇱパチセ」
9月上旬

アイヌ語小辞典（本書に登場する主な言葉・五十音順）

アットゥㇱ　樹皮による平織の反物やそれを仕立てた着物
アペフチカムイ　火の神
イクパスイ　へら状の祭祀具
イサパキッㇰニ　魚を叩くための平たい形状のイナウ
イタ　木製の平たい形状のお盆
イチャㇽパ　先祖供養。「イチャラパ」とも言う
イナウ　木幣。ヤナギなどの木を削って作る
イノンノイタㇰ　祈りの言葉、祝詞
イヤイライケレ　ありがとう
ウェン　悪い
ウココセ　「オオォォォ……」という男性のかけ声
ウタリ　仲間、同胞
ウポポ　歌。地域によっては「シノッチャ」
エカシ　長老、祖父、先祖（男）
オハウ　汁物
オリパㇰ　遠慮
オンカミ　礼拝する。昔は男性が挨拶するときの所作でもあった
カムイ　神。ただし日本語の「神」とは完全には一致しないことから、本書ではカムイのまま用いている
カムイノミ　カムイへの祈り
クワ　墓標
ケウタンケ　危急を知らせる声
コタン　集落
コタンコㇿクㇽ　村長（むらおさ）
サパンペ　木を削って作られる冠。地域によっては「パウンペ」
シト　団子
シラリ　酒粕
シントコサンケ　男性2人が御神酒の吟味をすること
シンヌラッパ　先祖供養
タクサ　清め草（病を治すときなどにも使う）
チセ　アイヌの伝統家屋、住居
チノミシㇼ　我ら祈る山（ところ）
チㇷ゚　丸木舟
チャシ　柵、砦、英雄の居城、祭祀空間の結界とも考えられているがよくわかっていない
チャランケ　談判
トゥキ　杯
トノト　御神酒
ヌササン　祭壇
ピㇼカ　よい、美しい、正しい
フチ　おばあさんの尊称　祖母
マキリ　小刀
マタンプㇱ　刺繍入りの鉢巻き
マレㇰ　鉤銛
メノコ　女性
ユカㇻ　ユーカラ。口承文芸のひとつ。英雄叙事詩。地域によっては「サコㇿペ」「ハウキ」とも呼ばれる
ラタㇱケㇷ゚　かぼちゃや豆などいろいろな物の混ぜ煮
ラッチャㇰ　灯明台
リムセ　踊り。地域によっては「ホリッパ」

カムイノミ

祈り

カムイノミの冒頭、祭祀具を捧げ持って
オンカミ（礼拝）をする祭主。
オンカミはすべての基本。

アイヌの伝統歌に合わせ行進する人々。湖岸から阿寒湖アイヌコタンまで、約３㎞続く温泉街の目抜き通りを歩く。

燃え盛る松明《たいまつ》を手にした人々の長い列が、闇の中に浮かび上がる。

先頭には、魔除けの役割があるというタクサ（この地域ではヤナギの木の棒の先に、ササとマツの葉を括り付けたもの）を持つ２人の男性。その後ろには、イナウ（木幣）を手にした男性と、マリモを捧げ持つ祭主が続く。男性の頭には、儀礼の際着用するというパウンペ（地域によってはサパンペと言う）と呼ばれる木製の冠。女性は、刺繍が施された布製のマタンプシをはちまきのように巻き、それぞれ、文様が微妙に異なる刺繍入りの伝統衣装を身に着けている。

美しい行列。最初に感じたその印象は、闇を知ることで、より一層輝きを増す。一つひとつの松明の灯は、一人ひとりの魂の輝き。長く続いた光の列は、アイヌの人々が歴史の闇をくぐり抜け、今、ここにいることの証でもある。

まりも祭り

十勝地方の足寄《あしょろ》から、国道２４１号で東北東へ。車が国立公園に入った途端、風景が一変した。民家や畑は姿を消し、深い森が道の両脇に続いている。

北海道東部、釧路市にある阿寒湖。この自然豊かな湖畔沿いの町で、毎年10月8日からの３日間、まりも祭りが行われる。昭和25（１９５０）年、当時絶滅の危機に瀕していた国の天然記念物、マリモの保護を呼びかけるため、地元の和人（日本人）とアイヌ、両者が協力して始まったというこの祭りは、北海道内ではさっぽろ雪まつりと並ぶ歴史

マリモを「送る」儀式での西田さん。この後マリモを一つひとつ捧げ持ち、静かに湖に返す。

ある行事。現在も道内はもちろん、全国各地から２００人以上のアイヌの人々が、この祭りを目指して集まってくる。

湖からマリモを「迎え」、「護る」儀式を行った後、再び湖に「送る」。祭りの構成はシンプルながら、マリモを迎え、送る際は、丸木舟が登場したり、伝統衣装に身を包んだアイヌの人々が、夜と翌朝の2度に渡って湖周辺を練り歩き、その後各地の古式舞踊を披露したりと、一般客も楽しめる観光行事になっている。

もっとも、この祭りの要は、カムイたちに祈りを捧げる儀式、カムイノミ。表立った行事進行とは別に、人目に触れないチセ（アイヌの伝統的な住居）の中で、粛々と儀式が行われる。

「期間中は、全部で3回カムイノミを行っている」

そう話すのは、祭主の西田《にしだ》正男《まさお》さん。

「最初は9日の午前中。まず火のカムイにあいさつをして、『祭りが無事終わりますように』と祈りを捧げる。次はマリモを迎えた翌朝で、『これから湖に送ります』と報告。最後はすべての行事を終えた後、『無事終わりました。これからもよろしくお願いします』と、納めの祈りを捧げているんだ」

迎えたマリモは、ヌササン（祭壇）に祀られた後、西田さんの家で一晩過ごすという。

謙虚にならなければ駄目だ

「シントコサンケ」――。祭主の西田さんの言葉に促され、

カムイノミの様子。奥の神窓近くの２人が、シントコサンケ役。
ピーンと張りつめた空気が漂う。

チセ内の神窓近くの上座で、向き合って座っていた2人の男性が、両手を左右に揺らしてオンカミ（礼拝）の所作を始めた。2人の前には、トノトと呼ばれる御神酒《おみき》の入った、漆塗りのシントコ（行器《ほかい》）。カムイノミでは、まずカムイに捧げるトノトが、ふさわしい仕上がりになったか吟味する儀式が、開始直前に行われる。

「ちゃんとしたお酒じゃなかったら、儀式は行えない。それくらいシントコサンケは大事」と西田さんは言う。

まりも祭りのカムイノミは、関係者のみで行われる。一般の参列者はシャットアウト。カメラのシャッターを切るのもはばかられるほど、厳粛な空気の中進められる。特に最初のシントコサンケは、すべての所作が威儀を正して行われ、道具を使う前も、その一つひとつにまずオンカミ。さらにトノトの色や香りを確認し、味を吟味するときも、まるで茶の点前《てまえ》のように粛々と進められる。味に問題がなければ、吟味役が参列者に向かって「ピㇼカトノト（良い御神酒）」と宣言。それを合図にカムイノミが始まる。時間にして10分弱。その間みな無言で、2人の所作を静かに見守る。

囲炉裏の中心には、炭で熾した赤々とした火。ラッチャクと呼ばれる灯明台にも、火が灯されている。

「オンカミアンナ」。祭主の言葉で、みながオンカミを行うと、囲炉裏の灰の部分に塩がまかれた。よく見ると、囲炉裏の四隅にも塩が盛られている。

「これは穢れを浄めるためではなく、悪いものが寄らないようにまく」という。

続いて刻みたばこ、イナキビや米、粟などの穀物類と、昆布、干し鮭、シケㇾペ（キハダの黒い実）、干し椎茸が、次々火のカムイへ捧げられる。そのたび炎の勢いが増し、煙が上がった。

「お供えの気持ちが、煙になってカムイに届けられる」のだ。

ほどなく、参列者それぞれにトゥキ（杯）が手渡され、酒器を持った男性が一人ひとりにトノトを注いで回る。すべて注ぎ終わると、西田さんがイクパスイと呼ばれるへら状の祭祀具を使って、火のカムイにトノトを捧げた。そして、祈りの言葉、イノンノイタㇰが始まる。

「アペ～フチ～カムイ～（火のカムイ）」――。

西田さんの唱える朗々とした節が、

チセに響く。

「火のカムイは、我々の想いを伝えてくれる一番身近なカムイ。だから最初に感謝を捧げるんだ」

カムイノミは、すべてこの火のカムイを中心に進められる。続いて先祖への感謝。

「やっぱり先祖がいるから、今自分たちがいるのだから。それに『先祖の見事なイノンノイタクにはなかなか届きませんけれど』という言葉も唱えるんだよ。他にも『身震いとともに、不足だらけの私が（祭主を）するんですよ』とかね。要するに、カムイに祈るときは、謙虚にならなければ駄目だということなんだろうね」

そして、昔のアイヌの人々は、山でカムイノミをするときも、それまで身に着けていた作業用の手甲や脚絆を外し、威儀を正してカムイに向き合ったことを例に出した。

「それぐらいカムイノミは厳しいもの。先輩たちからも、『おかしなことをしたら、自分の身にふりかかっ

雄阿寒岳。雌阿寒岳とともに阿寒のシンボル。地元のアイヌの人々にとって、父のような存在という。

てくる』と言われている。それに、普段ちゃんとしていないのに、何かあったからと抗議したって届かないよね」

イノンノイタㇰは、通常アイヌ語で唱えられる。ほとんど意味がわからない言葉が続く中、ふいに「自然環境」という日本語が、耳に飛び込んできた。

「我々人間や、動植物を育ててくれる自然環境にも感謝を捧げている。でも『自然環境』という言葉が、どうしてもアイヌ語に訳せなくてね」

人によっては、「自然」というアイヌ語はないとさえ言われる中、それでもあえてその言葉を入れなければならないほど、環境への危機感が増しているということなのだろう。ちなみにマリモは、アイヌ語で『トーラサンペ』、または『トーカリプ』。前者は「湖の御魂《みたま》」、後者は「湖を廻《めぐ》るもの」という意味がある。もっとも、

「実はマリモは、アイヌにとってありがたいものではなかったかもしれない。でも、現在球状のマリモが棲息しているのは、世界中で阿寒湖だけ。それは、この湖が、山々の吹き下しで波が多く、風が強くて藻が円くなるから。その稀な自然環境に、やはり感謝をしないと。だって、もしマリモが生きられなくなったら、それは自然環境が変わること。人間もどうなるかわからないのだから」

この世には、存在して当たり前というものはひとつもないということだろう。

イノンノイタㇰでは、火のカムイに向かって先祖へ、そして自然環境へ感謝の祈りを捧げた後、お願いごとに入る。

「ここは火山があるから、山がいつまでも穏やかでありますように。そんなお願いもするね」

そして、改めてカムイの名前を唱えるという。

「その呼びかけが、『カント　ソカタ　オラリヤカムイ　パセカムイ（天空の座の上に鎮座します重い位の神様）』、もう一つは、『キムン　ソカタ　オラリヤカムイ　パセカムイ（深山の座の上に鎮座します重い位の神様）』。独特の言い回しなんだよ」

この世界には、たくさんのカムイが身近なところに存在する。その一方、はるか上空や大地の深奥にもカムイがいて、その力に見守られ、自分たち人間は生きている。カムイへの呼びかけから、そんな先人たちのメッセージを感じる。

続いて戸外へ場所を移し、ヌササン（祭壇）に新しいイナウが立てられた。その数、全部で25本。通常に比べ2倍近くのカムイが祀られている。その一つひとつのカムイにトノトを捧げている姿を見たとき、ある古老が言った言葉を思い出した。

「大きな祭りになるほど、身近なカムイだけでなく、遠くのカムイも祀って結集させ、その多くの力を借りながらやり遂げる」のだと。

近くの国道からは、車が行き交うせわしない音。だが、ヌササン周辺は、そこだけ時間の速度が違うように、静かな空気に包まれていた。

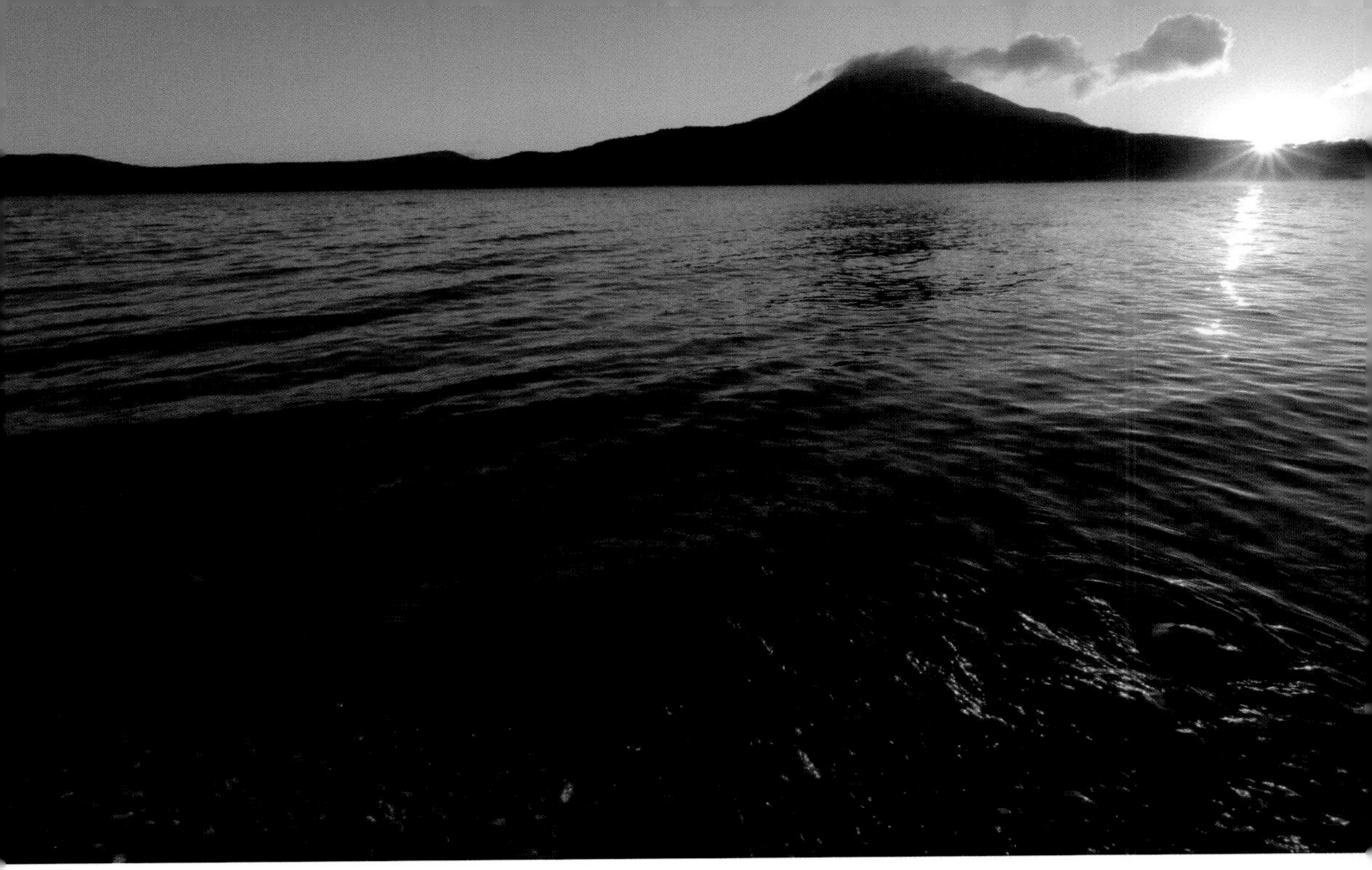

アイヌの血が騒ぐ

「まりも祭りの功績はね、アイヌが自分のアイデンティティに目覚めて、文化を広めることに役立ったことだと思うよ」

西田さんがはじめてアイヌ文化に触れたのも、第一回目のまりも祭りのときだった。母親がアイヌの伝統衣装を着て出かけるのをはじめて見て、何故こんな格好をするのだろうと不思議に思ったという。さらに、

「この祭りが始まった頃、松明行進の後は、コタン（集落）の裏手にある体育館みたいな建物に布団を敷いて、みんなで雑魚寝《ざこね》していてね。そこで各地から集まったアイヌが、夜通し歌い踊ったんだよ」

当時は、アイヌ自身が歌い踊ることを避けていた時代。だが、

「ここで仲間同士踊るうち、アイヌの血が騒いできて、やっぱり歌や踊りをやりたいという人がたくさん出てきたんだ」

当時アイヌの伝統衣装を着て道を歩くことが、どれほど珍しく、勇気が必要だったか。何より、和人とアイヌが協力して一つの行事を行うことが、どれほど画期的なことだったか。現在では想像できないさまざまな想いが、参加した一人ひとりの胸の内にあったことだろう。

まりも祭りが始まった背景には、「阿寒湖アイヌコタン」の成り立ちも大きく関係している。もともと阿寒湖周辺は、

湖を源とする20本近くの支流に沿って、小規模なコタンが点在していた地域。それぞれ釧路などの沿岸部や弟子屈《てしかが》・美幌《びほろ》地方の特徴を併せ持つアイヌ文化が育まれてきた。明治になってからも、この地を払い下げられた元政府官僚の前田正名《まさな》という一人の和人が、阿寒の美しい自然に魅せられ、「阿寒前田一歩園《いっぽえん》」を創設。開発の手を加えなかったことから、昭和9（1934）年に国立公園に指定され、観光産業がおこり始めた。さらに昭和29（1954）年、前田氏の遺志を継いだ、後の一歩園3代目園主前田光子さんが、現在の湖畔近くの土地をアイヌの人々に無償で提供し、西田さん家族を第一号として数軒の家が建てられた。やがて、十勝や上川地方からもアイヌの人々が移住。現在のように、民芸品店などが建ち並ぶコタンが形成されたという。

「各地からいろいろな人が集まっているせいか、阿寒には『挑戦』する気質がある」

はじめて阿寒湖を訪れたとき、地元のアイヌの男性が言っていた。さらに「アイヌの口承文芸『ユカㇻ』を劇化したときも、初演はヨーロッパ公演だった」ことを例に挙げ、『挑戦』だけでなく『発信』もする地」だと、熱く語ってくれたのだ。現在もコタン内にあるアイヌシアターでは、アイヌの古式舞踊とデジタルアートを融合した舞台、「ロストカムイ」が上演されている。

どっこいアイヌは生きている

阿寒湖アイヌコタンでは、年に数回、定期的にカムイノミが行われている。

「新年すぐに行われるアシㇼパノミ（新年の祈り）に始まって、観光シーズン前に、商売が繁昌して、みなが健康に1年間過ごせるよう祈るカムイノミを行ったり、町の納骨堂でイチャㇽパ（先祖供養）もしている。他にも、カムイから授かった魚を食べて暮らしてきたことに感謝を捧げるヒメマス祭りや、スキー場の安全祈願、ホテルのためのカムイノミなどもやっているよ」

西田さんは、そのすべてのカムイノミで、平成25（2013）年から祭主を務めている。

「先輩たちみんなが相談して、次はおまえがやれと決めてくれたんだ。なぜ選ばれたか、その理由は言われない。一度祭主に決まったら、体が動くうちはずっと続けなければならないから、大変なことになったと思ったよ」

当初はまりも祭りの裏方作業に追われ、カムイノミはもちろん、行列にも長年参加できなかったという西田さんは、自分が祭主になるとは夢にも思っていなかったという。現在は遠く離れた地で祭主を務めるときも、行く前にまずヌササンに向かって、「無事終わりますよう、見守ってください」と報告。帰ってきたときも、無事帰ってきたことへのお礼を欠かさないという。

「移住した当初は電気も水道もなくて、ランプの生活。水も近くの沢の湧き水を使っていた。だから、今もその感謝を忘れないよう、毎年新年になると、水の湧き出る場所に行って、家族で水のカムイへ向けたカムイノミをしているよ」

かつてこの地に暮らした故・山本多助エカシ（長老）は、生前こう語っている。

「どっこいアイヌは生きている」——。

まりも祭りが、カムイノミが続いていることが、何よりそれを物語っている。

囲炉裏の上にある火棚（トゥナ）を守護するカムイにもトノトを捧げ、祈りの言葉をかける。

コタン

集落

イナウが並んだヌササン（祭壇）の前で、
クリムセ（弓の舞）の奉納に先立ち
祈りを捧げる祭主。

清水さんたち自作のチセ。分厚い草の壁が断熱材となり、夏は涼しく、冬は暖かかったという。右は食糧庫。

夜のチセが、こんなにも心落ち着く空間とは思わなかった。外ではフクロウが鳴く野太い声。まるで森に棲む生き物みんなに守られているような、心地よい静寂と温もりがチセ全体を満たしている。

チセとはアイヌ語で「私の寝床」、つまり「家」のこと。アイヌの人々は、かつて茅や笹、樹皮などで屋根や壁を葺き、住空間を作っていた。窓の数は全部で3つ。そのうち一つは、神様しか通れない神窓と決められている。窓には当然ガラスはなく、すべて自然素材で周囲の森と一体となった作り。特に夜は、森の空気が濃密になるせいか、まるで母親の胎内にいるかのような深い安心感に包まれる。

帯広市街から北北東へ約40㎞。十勝地方の上士幌《かみしほろ》町にある「ウタリの森」は、かつてアイヌの人々が暮らしたコタン、つまり集落があった地だ。「ウタリ」とは、アイヌ語で「同胞」、または「仲間」の意味。その名の通り、この森では年に一度近隣の有志が集い、地域を守るさまざまな自然や動物のカムイたち、そして何より、アイヌの聖地とされるオッパイ山に感謝の祈りを捧げるカムイノミ（カムイへの祈り）が行われる。

「今度はぜひ前日からおいで」

上士幌アイヌ協会の会長、清水勇《しみずいさむ》さんに誘われ、前夜祭に参加したのは、カムイノミに足を運ぶようになって3年目のことだった。

生まれた子どもはみんなの子

三国峠からの眺め。もとは十勝平野一帯に原生林が広がり、川が何本も曲がりくねって流れていた。

清水さんはこのコタンで生まれ育った。

「当時周囲は深い森ばかりで、木のトンネルがずっと続いていてね。太い葡萄の蔓をつたって、１００ｍも２００ｍも地面に下りないで進めるくらいだった。鬼ごっこも木から下りたら負け。夜は真っ暗で月も見えなかったよ」

そう当時を振り返る。

上士幌町のある十勝平野一帯は、もともとカシワやミズナラの大木を中心とした広葉樹が大森林を形成する地だった。段丘の間には曲がりくねった大きな川があり、そこから枝分かれして小さな川が何本も流れていたという。木々が岸を覆う川には、落ち葉や虫を求め多くの魚が集まってくる。清水さんが暮らしたコタンにも清らかな沢が２、３本あり、魚がたくさん泳いでいた。ヤマベ、イワナ、マス、アキアジ……。子どもでも簡単に獲れるほどだったという。

「柳の木の、二股に分かれている部分を使って上から突くと、魚が気を失うんだ。それを木に刺して持って帰る。雪解けの頃は、石をどけるとカジカの子がびっしりついていて、それを一夜干しにして食べたよ」

当時小学生だった清水さんにとって、魚獲りは大事な食糧調達の手段であり、大好きな遊びでもあったのだ。

清水さんが生まれた頃、このコタンには20軒近くのチセがあったという。そもそも内陸部のコタンは、大きな川から少し入った沢沿いに作られる。一つの沢に対し、チセが5、6軒、中には1軒だけのコタンもあったと聞く。

「俺が生まれたときコタンをあげてお祭りをしたそうだ。

オッパイ山大祭前夜のカムイノミ。
夜の親密な空気の中、ウタリ（同胞）たちが火を囲む。

生まれてすぐに、コタン内のチセ一軒ずつ順番に泊まって、10日くらい家に戻らなかったらしい。今でも勇のおしめは私が替えたと、90歳近くのばあさんに言われるよ」

アイヌの人々は、子どもが大好きとみな口を揃えて言う。どんな状況でもどんな子でも、神様が舞い降りてきたのが子ども。だからみんなで喜び、お祝いをするのだと。特に当時は、同じコタンで生まれた子どもはみんなの子、という認識が強かったのだろう。

火の神　アペフチカムイ

前夜祭は、ウタリの森にあるチセの中で行われる。チセの中心にある炉には火が焚かれ、それを囲むように祭主である清水さんをはじめ、アイヌの伝統衣装を身に着けた人々が座る。参列したのは地元の人、数名と、清水さんの親戚という幕別町《まくべつ》に住む夫婦1組だけ。私と夫も、清水さん夫婦にそれぞれ衣装を着せてもらい、みなと同じように火を囲んだ。

このチセは20年ほど前、清水さんが師匠の故・川上英幸《かわかみひでゆき》さんなどと一緒に、資料を見ながら釘を一本も使わず作ったという。イナウ（木幣）という祭祀具や自分の衣装を飾るアイヌ文様の刺繍も、すべて清水さんの手製。聞けば幼い頃からさまざまな地でカムイノミに参列し、イナウも少年時代から削るなど、アイヌの伝統文化や暮らしに興味を持って接してきたと言う。

「明日の儀式が無事終えられますよう。もしまちがいがあった場合はお許しください」——。

火のカムイに向かい、清水さんがアイヌ語で祈りを捧げる。のどを震わせ、声を大きく揺らしながら唱えられる独特の節が、薪の爆《は》ぜる音と溶け合い、静かに響く。

アイヌの人々にとって、火は大切なカムイ。アペフチカムイと呼ばれ、人間の訴えや願いを他のカムイへ仲立ちしてくれると考えられている。

「寝る前や朝起きたとき、それから出かける前や帰ってきた後、俺のじいちゃんばあちゃんは、必ず囲炉裏の前に座って、こんなふうにアイヌ語でアペフチカムイに祈っていたんだ」

とはいえ、それは今だからわかること。当時は「変わった声の出し方だし、何をしているんだろう、酔っぱらっているのかな」と不思議に思っていたと言

う。そんな幼い頃の記憶を辿り、清水さんは今、祖父母の節を真似て祈りの言葉、イノンノイタクを唱えている。

「十勝ではイノンノイタクは声に出さないとも言われているけれど、俺はじいちゃんがやっていた通り唱えることにしているんだ」

かつてコタンに響いた独特の節が、時を超えて甦る。

分け合う精神

清水さんはこのコタンで、両親と弟や妹7人の他、母方の祖父母と一緒に暮らしていた。

「両親とも飲んべだったからさ、俺はばあちゃん子だった。今もばあちゃんの手の温もりは忘れない」

口調こそぶっきらぼうだが、人柄の純朴さが時折顔をのぞかせる。

清水さんのおばあさんは、巫《ふ》術《じゅつ》行為のできる女性だった。

「突然何かのカムイがばーんと下りてきて、ばあちゃんの背中に乗っかったり、急に若い女性のような涙声で話し始めたり。びっくりする話がたくさんあったよ」

かつてアイヌの女性には、カムイの言葉を託宣するシャーマンが少なからずいたと聞いたことがある。清水さんのおばあさんもそんな一人だったのだろう

コタンには、当時としてはめずらしく刺青《いれずみ》をしているフチ（おばあさんの尊称）もいたという。アイヌの女性は14～15歳になると、成人儀礼のひとつとして、口の周辺や、手の甲から肘にかけて刺青を施す慣習があった。だが明治32（1899）年、「北海道旧土人保護法」の施行により、アイヌの伝統文化や風習はすべて禁じられてしまうのだ。

「当時はアイヌみんなが困っていた」

清水さんは言う。連綿と受け継がれてきた知恵や風習を暮らしに生かすことができず、慣れない農業に従事するよう強要されたからだ。清水さん一家も貧しさと闘っていた。

「俺が小学生になったばかりの頃、給食が始まってさ。その頃ばあさんがゴム長靴を買ってくれたんだけど、そこに給食を入れて、足を引きずりながら歩いて帰った。家には小さい妹や弟が待っていたからね」

そして、「いいかい」とこちらに向き直り、言葉を続けた。

「アイヌはどんなものでも分け合って食べる。たとえ団子一つだけでも、アイヌ同士ならあんただけ食べろとはならない。みんなで等分に分ける。それがアイヌの精神なんだ」

何でも分け合う。その精神は、アイヌの人々が、本来狩猟採集民族であることとも関わっている。特に狩猟で得た熊や鹿などの大きな動物は、一家族では食べきれない量がある。加えてコタンには、働き手を失った未亡人家族や一人暮らしの老人もいた。分け合う行為は、ある意味ごく自然なことだったのだ。

「それに、分ければけんかにならないっしょ」

当たり前という顔をして、清水さんは言う。

「人間はさ、憎しみの心を向けたら、その憎しみはいつか自分に返ってくる。やさしい気持ちを向けたら、やさしさが返ってくる。だから、何にでもやさしくしなきゃ駄目なんだ。俺は今、そう思っている」

若い頃は血気盛んで、喧嘩っ早かったという清水さんは、

「先輩はどうやっても追い越せない。
でも伝統衣装を着ると、身が引き締まる。
体が浮く感じだね」。

二股に分かれているイナウは中央寄りがミズキ、外側はキハダの木で、色が銀と黄金になっている。

現在林業で生計を立てている。加えて近年は、儀式の風習が途絶えてしまった他の十勝アイヌの人々に請《こ》われ、伝承活動も行うようになった。アイヌとして強く生きた祖父に憧れ、自分も強くならなければと思い続けてきた清水さんは、自分がアイヌであることを否定的に考えたことは、これまで一度もないときっぱり言う。

だが、そんな清水さんにとって原風景とも言えるコタンでの暮らしは、ある日突然失われた。開拓の名のもと周囲の木が大量に伐採され、数多くの河川が一本化されてほどなく、川が決壊してチセが流されたのだ。水が一本の川に集中すると、川は暴れて太くなろうとする。そういう川を、アイヌの人々は「暴れ川」と呼ぶという。当時小学生だった清水さんは、そんな川が暴れるさまを高台から見て、咄嗟に水に飛び込んだ。チセに一人残るおばあさんを助けたい。その一心で必死に泳いだという。そうして無事、おばあさんを助け出すことができたのだ。

「自然を傷めるのはウェンだよ」

清水さんはアイヌ語で一番悪い意味の言葉、「ウェン」を使い、やるせない気持ちを表現した。

少数民族ではない、先住民族だ

翌日のカムイノミは、ウタリの森の中で行われた。ヌササン（祭壇）には21本のイナウ（木幣）が整然と並び、とりわけ中心のイナウが飛び抜けて高くそびえている。このイナウに祀られているのは、天上界の最高神。その右隣には

イナウにトノト（御神酒）を捧げる場合は、イナウの先端をトゥキ（杯）に入っているトノトに浸し、それを頭頂部に撫で浸ける。

国土造りの男神と太陽神、左には造化の女神、月神と、他の儀式では見られない神々も祀られている。いずれもユカラ（口承文芸のひとつ）に登場するカムイたちだ。

そもそも「オッパイ山」は、アイヌ民族にとって神々の国土造りの舞台とされる聖地。かつて50年以上もアイヌ研究を続けてきた故・山本多助エカシ（長老）は、3度この地を訪れ、「オッパイ山」とその西に位置する、頂上部が切り取られたように平らになっている山、通称「軍艦山」を現地調査した結果、この地がユカラで語られるアイヌ民族発祥の地だと確信したという。死ぬまで見つけられないと思っていた伝説の地が見つかった。そんな山本エカシの熱い想いを受け、昭和60（1985）年に始まったのがこの「オッパイ山大祭」で、当初はウタリの森でカムイノミを、翌日はオッパイ山の麓に近い十勝三股《みつまた》に移動し、町ぐるみの祭りとして盛大に行われていた。だが、現在はすべてウタリの森で行われている。

「そもそも、アイヌには祭りなんてないんだよ。あるのはカムイノミと先祖供養だけ。だから最初は、前日にカムイノミを行ってカムイたちに許しをもらい、祭りと分けていたんだけど、本来の形に戻したいと思ってね。もちろんオッパイ山の謂《いわ》れは、これからも伝えていかなければいけないと思っているよ」

この日はどんよりとした曇天で、小雨もぱらつくあいにくの天気。だが、かつてコタンがあった場所でのカムイノミは、終始家族的な雰囲気で進められた。

「人々を守り、村を守ってください」――。

参列した人々が、祭壇に祀られているカムイたちにトノト（御神酒）を捧げ、清水さんがイノンノイタクを静かに唱える。その直後、厚く閉ざされた雲の隙間から薄陽が差し、風が木々を揺らし始めた。祈りの言葉が届いたのだろうか。

かつてこの地には大森林が広がっていた。人々は豊かな自然に祈りを捧げ、先祖代々受け継いできた生きる知恵を駆使しながら、さまざまなカムイとともに暮らしてきた。

「アイヌは少数民族ではない。先住民族だ」

ある古老が言ったその言葉を、私たちは忘れてはならない。

「オッパイ山」の伝説

「オッパイ山」は、現在の西クマネシリ岳とピリベツ岳の通称。旧名称は「カムイ・テケカラ・トゥプル・カプ・ヌプリ」で、意味は「神様の・手造りの・一対の・乳房の・山」。ユカㇻによれば、アイヌの国土造りは、天上界から下りてきた国土造りの男神（モシㇼコㇿカムイ）と造化の女神（イカッカㇻカムイ）によって行われる。この二神は、まず山や平野、川、それに木や草花など国土を造り、次に土をこねてさまざまな動物を形造った。不思議なことにこの動物たちは、6昼夜置かれているうちに自然に生命が吹き込まれ、1週間目にはのこのこ歩き出し、どこへともなく姿を消して行くのだった。そしていよいよ人間（アイヌ）を作ろうと、二神は各々裸になり、互いの体を見て像を造った。だが、男の像は簡単にできたのに対し、女の像はうまくいかない。とりわけ「オッパイ」はやさしそうで難しく、男神は大地に大きなオッパイの模型を造り、女神の体に触れながら、何度も土を付けたり削ったりして、ようやく完成することができたのだった。最後に二神は、天上の神々が国土見物に下りてこられるよう、大きな山の頂上を平らにして神々の遊びの広場を造った。それが現在の軍艦山だという。

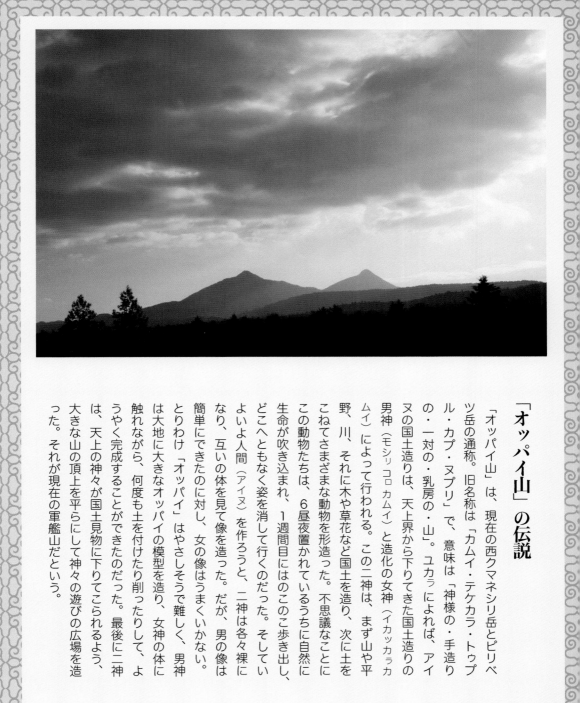

神様につながる携帯電話

イクパスイ

アイヌの人々にとって、アペフチカムイ（火のカムイ）は、「人間の言葉がわかる」カムイ。ある古老によれば、「祈りの言葉を捧げるとき、まちがったり言葉が足らなくても、うまく補い、誤りを正して他のカムイたちに届けてくれる」仲介役であり、「アペフチカムイを通さなかったら、他のカムイたちが話し合うことができない。だから人間は、まずアペフチ（カムイ）に言葉をかける」という。

カムイノミでは、イクパスイというへら状の祭祀具を媒介にして、祈りが捧げられる。イクパスイをトゥキ（杯）に入ったトノト（御神酒）に浸け、カムイに向けて上下にやさしく揺らすのだ。このイクパスイも、「人間の言葉を補い、修正してくれる」存在。ある古老は、イクパスイを「携帯電話」にたとえ、

「揺らしながらカムイにお話をしている」

と言う。つまり人間は、イクパスイとアペフチカムイ、両方の助けを借りて、祈りの言葉を他のカムイたちに届けてもらっているのだ。

「火の粉がパチパチッて飛ぶでしょ？　あれは新聞記者みたいな役目だと言われている。いろんなカムイのところに飛んで行って、祈りの言葉を知らせるから」

神宿る住まい　チセ

チセ（住居）を建てるときも、土地のカムイに許しを得た後、まずアペフチカムイ、つまり囲炉裏の場所を決めるという。

「地鎮祭も、アペフチを作る位置で火を焚いてやる。もしこの段階で夢見が悪ければ、昔は位置を変更していた。それくらいアペフチの位置は大事なんだ」

チセには必ず神窓がある。神窓は、アイヌの人々にとって「カムイたちが往来する」神聖な窓。屋外で使う祭祀具も、この神窓から出し入れする。

「アペフチカムイに祈りを捧げると、神窓を通ってカムイたちがアペフチのもとへやってくる。だから、カムイノミが始まったら、神窓近くを人間が通ったり、外から中を覗くのも駄目だよ」

もっとも、神窓の方角は地域によって異なるという。

「太陽が昇る東の方角に作る地域もあれば、川の上流や、自分たちが神聖だと思う山に向かって作られることもある」

また神窓から見える屋外には、ヌササン（祭壇）が設けられた。儀式のたびに新しいイナウが捧げられるヌササンは、「神聖で大切な場所」。儀式が終わり、イナウの魂がカムイの国へ旅立った後も、朽ちるまでそのまま置かれる。

ちなみに、チセの完成後は魔祓いをするという。

「悪魔は、屋根や柱をつたって入ってくると考えられている。だから、柱は刀の刃で傷をつけ、屋根は弓で何度か刺す。傷がついていると悪魔は入ってこないから」

チセは祈りの空間でもあったのだ。

シンヌラッパ

先祖供養

アペフチカムイ（火のカムイ）に向かって
オンカミ（礼拝）をする祭主。
場の空気が変わる瞬間。

かつてのチャシ（アイヌ語で「柵」の意味。砦や祭祀空間の結界とも考えられているが、用途ははっきりしていない。現在は灯台）からの眺め。近くには伝説の場所も散在する。

車は苫小牧《とまこまい》市街を過ぎたあたりから、海沿いを走っている。
千歳《ちとせ》市内から約70km。目指すポンアヨロ海岸は、白老《しらおい》町からさらに20kmほど登別《のぼりべつ》方面に南下したところにあった。

眼前には太平洋。左の高台にはかつてのチャシ（砦《とりで》。現在は灯台）、右の高台には、カムイたちが束の間地上界に降り立ち、遊びに興じたと伝承される「カムイミンタㇻ（神々が遊ぶ庭）」がある。

「ここは我々アイヌにとって、聖なる場所。昔から祈りを捧げたという言い伝えも残っている」

と話すのは、今日の儀式の祭主、新井田《あらいだ》幹夫《みきお》さん。このポンアヨロ海岸では、毎年7月、シンヌラッパ、つまり先祖供養祭が行われる。

かつて、この海岸周辺の台地には、アイ・オロ・オ・コタンと呼ばれるアイヌの集落があった。一方で、縄文時代初期からの遺跡もいくつか発見されている。竪穴式住居や貝塚、それに琥珀玉などの装飾品が数多く出土しているのだ。

「だから先祖供養というより、祖先供養だよね。古い時代に暮らした人たちが、我々アイヌとつながりがあるか、それはわからない。でも、かつてたしかにここに暮らした人たちがいて、そのすべての人の供養を、アイヌである、ないにかかわらず、今できる人たちがするという感じかな」

淡々と新井田さんは話す。

先祖用のイナウに供物を捧げる女性たち。
分厚いサケの切り身や新鮮な果物など色鮮やか。

誰の土地でもない

白老町には、かつてこのアイ・オロ・オ・コタンに限らず、いくつかコタンが散在していた。現在海岸線を走る国道36号線の周辺ももとは砂浜で、主にこの浜に近い場所の、飲み水を得やすい川沿いにコタンが作られていたという。

「海の近くとは言っても、海漁を行うのは漁網ができてからのこと。交易も、このあたりは函館のように盛んじゃなかった。だから川で魚を獲り、春から秋は山菜を採って、秋から冬は、背後にあるクッタㇻウㇱ山で鹿や熊の狩りをする。それがこの地での暮らしだったんだ。食糧も豊富で、豊かな暮らしをしていたと思うよ」

新井田さん。「昔の人は狩りで食糧を得れば、それで満足だった。幸せって本来はシンプルだと思うよ」。

明治時代、アイヌの人々が農業になかなかなじめなかった理由も、

「たとえば種を蒔いても、収穫できるまでに最低で60日はかかってしまう。それなら、自然のものを採って食べた方が早いから」と説明する。

もっとも、食糧を得る環境に関しては、細かな配慮がなされてきた。一つのコタンに住む人数は、周囲の環境によって調整されていたのだ。多すぎると食糧を得るのが困難になり、争いのもとになる。だからコタンの人数が許容量を越えると、ある者はコタンを出て、無理なく食糧が得られる場所に移っていったのだ。実は、この白老周辺に住むアイヌの人々も、もとは日高方面から、そのように枝分かれしてきたのだと新井田さんは言う。

「特に狩りは自分の猟場で行い、人の猟場は侵さないというのが、アイヌの暗黙のルール。でも猟場は決めても、土地の権利はみな平等だった。そもそも、土地という概念がアイヌにはなかったからね。だから本州の人間から、誰の土地と聞かれても、うまく答えられなかったんだと思うよ」

大きな声はいらない

シンヌラッパは、まずカムイノミ(カムイへの祈り)から始まる。1人でも大人数でも、アペフチカムイ(火のカムイ)の前で祈りを捧げれば、それがカムイノミ。昔は朝に夕に、家の囲炉裏でそれぞれがカムイノミを行っていたのだ。

「人間は数あるカムイの中で、アペフチカムイにしか話ができないんだよ。でもアペフチカムイは、他のカムイたちとの仲介をしてくれる。そうしてはじめて祈りや供物が届くんだ」

とはいえ、新井田さんの祈る声は、次々と迫ってくる波の音もあり、ほとんど周囲には聞こえない。

「大きな声で言わなくても、イクパスイ(へら状の祭祀具)を通してアペフチカムイに伝えてもらえるし、アペフチカムイも人間の言葉足らずの部分を補って他のカムイたちに伝えてくれる。我々はそう教わってきたから」

大事なのは、人間は未熟だという謙虚な姿勢なのだ。

供物は麹と刻みたばこ。火にくべられると、煙が勢いよく立ちのぼった。麹は先祖のもとへ届いたとき、お酒が造れるように、刻みたばこは、先祖が最高に喜ぶものとして捧げられるという。

「アイヌの考え方では、先祖は天上界で我々と同じ生活をしている。もちろん想像の世界だけどね。でも、天上界にはないものがあって、それを人間界から送り届けるのが先祖供養。祖先供養でも同じだよ」

アイヌの人々は、もともと墓参りの習慣がなく、墓地に足を運ぶことも滅多にないと言われている。だが大きな儀式では、必ずと言っていいほど先祖供養が行われる。中には今回のように、先祖供養自体を目的として、シンヌラッパ、地域によってはイチャㇽパ、もしくはイアレと呼ばれる儀式が行われることも少なくない。白老町でも、年に一度、かつてアイヌの子どもたちが学んだ小学校跡の公園で、自分たちの先祖へ向けたシンヌラッパを行っている。

もっとも、先祖供養も、もとは各家庭で日常的に行われるもので、

「たとえば夢見が悪いとき、熾《お》きを囲炉裏の端にちょっと置いて、刻みたばことお米を捧げて供養していた」

という話も聞いたことがある。新井田さんも、

「うちのおふくろも、人が普段歩かない家の東側の角に行って、自分たちが食べていけるのはご先祖さんのおかげ、とか言いながら、何かお供えしていたね。小さい頃は何をしているか、よくわからなかったけれど」

新井田さんは母親がアイヌ。だが30歳になるまで、アイヌの文化や風習を知らずに育った。当時の多くの親がそうだったように、子のためを思い、アイヌに関することは一切何も教えなかったからだ。そんな新井田さんが変わったのは、生活のためにアイヌ民族博物館に勤務してからのこと。以来先輩たちがすることを見て、覚え、伝えてきた。現在はアイヌ民族文化財団の臨時職員として勤務し、後進の指導にもあたっている。チセ（住居）をはじめとしたものづくりに長け、ムックリ（竹製の口琴）の名手でもある新井田さんは、刺繍も自分でするという。

届け先は正確に

シンヌラッパは、女性中心で進んでいく。供物を準備するのも、それをヌササン（祭壇）に並ぶイナウ（木幣）に捧げるのも、すべて女性。もっとも、捧げ方は人それぞれで、イナウの頭頂部に、イクパスイを使ってシラリ（酒粕）を置いたり、トノト（御神酒）をふりかけたり。果物やシトと呼ばれる団子、サケの切り身などは、手で細かくちぎって捧げられる。先祖供養を地域によってイチャㇽパと呼ぶのは、チャㇽパに「ちぎる」という意味があるからで、大切なのはこの細かくちぎる行為だという。供物はあの世に行ったとき、何倍にも増えるのだ。

白老民族芸能保存会の女性たち。

見るからにおいしそうな山盛りの供物を、ちぎっては捧げ、そのおこぼれを自分もいただく。10数人の女性たちが、かわるがわる先祖供養を行ううち、ヌササンの周りは色鮮やかな供物でにぎやかになった。

――あなたもどうぞ。

一人の女性に声をかけられ、トノトの入ったトゥキ（杯）とイクパスイを手渡された。見よう見まねで、イクパスイの先にトノトを浸け、まずそれを自分の左肩、次に右肩にふりかけ、最後に左から頭の回りをぐるっと一周させる。これは自分の背後にいる憑き神にトノトを捧げるためで、憑き神は、すべての人間それぞれに守り神として憑き、良いことも悪いことも見守っているという。

トノトを捧げるとき、新井田さんの言葉を思い出した。「供物を捧げる前に、自分の名前とご先祖さんの名前を言うこと。そうしないと届かないからね」

アイヌの先祖供養では、宅配便のように届け先と送り先を明確にすることが必要なのだ。

「ご先祖さんの名前を言って、『私は○○の息子だけど、あなたに代表して送るから、他のみんなにも分けてくださいね』と言うわけ。名前を言わないで供物だけ送ると、あの世で行き場を失って一カ所に積み上げられたままになると言われている。行き先がわからないトノトが集まった湖もあるらしいよ」

先祖の名前に関しては、昔はかなり古い代まで遡り、数多くの先祖の名前を言い連ねるものだったとも言う。

「アイヌは文字を持たない代わりに、記憶力は抜群に良かったみたいだね。それに昔は楽しみがなかったから、じいちゃんばあちゃんが、先祖供養のたびにご先祖さんの名前を言っていると、子どもたちも覚えるわけ。だから、みんな自分の先祖の名前を代々遡って言えたらしいよ」

久しぶりに祖母の顔を思い出し、目の前の供物をちぎっては捧げ、自分の口に入れてまたちぎる。絶え間なく聞こえる波の音に包まれ、イナウを前に無心に手を動かしていると、今自分がどの時代、どの場所にいるのか一瞬わからなくなった。あの世とこの世、現在と縄文時代、アイヌと日本人……あらゆる境界が少しずつぼやけていく。

先祖がいるから自分がいる

儀式は、新井田さんが囲炉裏に挿してあったイナウを抜き、アペフチカムイに捧げて終わる。炎が勢い良く立ちのぼる中、「これ以上供物は送りませんよと伝えている」のだという。

「そうしないといつまでも待っているから」と。

その後は踊りやムックリの演奏。だがこの日は風が強く、雨まで降りそうになったことから早々に切り上げ、ふるまいの弁当は、生活館と呼ばれるアイヌの集会所でいただくことになった。

サケ入りの汁物、オハウにはじまり、イナキビ入りのごはんや、かぼちゃと小豆を炊いたラタシケプなど、アイヌの伝統料理が詰められたお弁当は、いずれも女性たちが朝から手づくりした供物の、いわばお裾分け。

「先祖に感謝するのだから、自分たちが精一杯できるものをご先祖さんにあげる。自分たちだけがいただけばいいという考えじゃないってことさ」

先祖に対してまず感謝。そんな姿を、さまざまな儀式で見かけるたび、これまでろくに墓参りもせず、先祖について深く考えたこともなかった我が身を振り返り、「なぜそこまで」と、ことあるごとに問いかけてみたことがある。だが答えは、申し合わせたようにみな同じ。

「ご先祖さんがいるから、今自分がいる。感謝するのは当たり前」

そうやさしく言い含められた。

「だからさ」

新井田さんは言葉を続ける。

「先祖にしても憑き神にしても、一人で生きているなんて思ってはいけないよということなんだ。人間はよく、他人なんかどうでもいい、自分は元気で生きているからって思いがちだけど、人間一人で生きているかって言ったら、生きていけないんだよ。この世にあるものは、何か必要があって生を受け、人間はそれを全部巧みに利用して生きている。だから生きているんではなく、生かされているんだよ」

先祖へ感謝することとは、自分が今、生きていることに感謝をすること。シンヌラッパを通して教わったように思う。

この世とあの世をつなぐ洞窟

「アフンルパル」

登別漁港には、この世とあの世をつなぐ洞窟と言い伝えられているアフンルパル（直訳すると「あの世へ入る道の口」）がある。

アイヌの世界では、人は死を迎えると肉体から霊が抜け出し、自分の住むコタン近くの洞窟を通って「あの世」に行くと考えられている。ときには亡くなった人が洞窟を通ってこの世に現れることもあり、白老町のアフンルパルにも、代々古老により語り継がれてきた伝承が残っている。昔、昆布を拾うため浜辺に行った老人が、洞窟近くで先立たれた妻を見つけ、声をかけようと近づくと、妻は岩穴に入ってしまった。老人もすぐに後を追ったが、行き止まりになって入れなかったことから、ここがあの世の「入り口」だとわかったという。また洞窟から出てきた人と話をすると、自分もまもなくあの世へ行くと言い伝えられていることから、アイヌの人々の間では、普段洞窟近辺に近づいてはいけないことになっている。

アイヌ語で、あの世は「ポクナモシリ」、もしくは「アヌンコタン」と呼ばれ、地下にあるとする地域もあれば、天上にあるとする地域もある。だがいずれにせよ、アイヌの人々が信じるあの世は、この世と同じように山野が広がって川が流れ、先祖たちはコタンを形成し暮らしている。違うのは、季節や昼夜がこの世と逆転し、あの世の一日がこの世の6日に相当すること。そんなあの世で、先祖たちはこの世の子孫たちから供物が届くと、それを囲み、親戚縁者を招いて宴を開く。だが供物が届かない者は誰も家に招くことができず、肩身の狭い思いをするという。北海道にはそんなアフンルパルが数カ所ある。

アシㇼチェプノミ

サケ迎え

秋、海に出ていたサケが、
産卵のため生まれ故郷の川を遡上する。
サケはアイヌの人々の貴重な主食。

サケをカムイの国へ送るイサパキッㇰニ。奥は丸木舟のイナウに捧げるトノト（御神酒）とシラリ（酒粕）。

澄んだ水が豊かに流れる千歳川。その水面に木漏れ日がきらめいている。

9月。川で生まれ、海で育ったサケが、再び生まれ故郷の川を遡上してくるこの季節、千歳では新しいサケを迎える儀式、アシㇼチェㇷ゚ノミが行われる。

アイヌの人々にとって、サケは大切な食糧。この時期は、道内各地でサケ迎えの儀式が行われている。

「サケはカムイチェㇷ゚、つまり神の魚。アイヌにとっては他の食べ物とは違う、とても身近な主食なんだよ」

そう話すのは、アシㇼチェㇷ゚ノミの副祭主、中村吉雄《なかむらよしお》さん。アイヌ語で、サケは「シペ」とも呼ばれ、「本当の食べ物、主食」という意味がある。日本人にとっての米と同じ位置づけということだ。

貴重な保存食

かつて、千歳川には多くのサケが遡上していた。「ぼっこ（棒）を立てても倒れない」とは、アイヌの人々がよく使う表現で、この時期は、棒が倒れる隙間もないほどサケがひしめき合っている川が多かったのだ。

アイヌの人々は、秋になると日々食べる分のサケを獲り、切り身にして焼いたり、野菜と一緒に煮てオハウという具だくさんの汁物にして食べていた。内臓や白子、筋子は塩漬けに、頭の軟骨は細かく叩いてチタタㇷ゚というタタキにし、骨は軽く炙ってスナック菓子のように食べたという。さらに、皮は靴として生まれ変わり、背びれが滑り止めに

川に向かい、ワッカウㇱカムイ（水のカムイ）にトノト（御神酒）を捧げる前、オンカミをする少年。

使われた。サケは捨てるところがないと言われる所以《ゆえん》である。

だが、サケが何より重宝されたのは、貴重な保存食になったからだ。

「千歳のサケは脂やけしないのが特徴。他の川より長く回遊して遡上するから、その間に脂が抜けてしまう。その分保存も利くから、3年以上は持つよ」

中村さんは言う。

保存には、主として囲炉裏の上に、お腹を開いたサケを丸ごと一匹吊るし、燻《いぶ》しをかけるトバという方法が用いられた。もっとも、外に干すこともあれば、早く乾燥するよう三枚におろして干すなど、用途や目的により干し方はさまざまだったという。昔は塩が貴重だったことから、保存は乾燥に頼ることが多かったのだ。さらに、雪が積もると、丸ごと雪の中に埋めて凍らせた。そのサケを薄く切り、溶けかけを食べるルイペ（溶けるもの）は、今もアイヌに関係なく、道内で広く知られる食べ方だ。

豊漁を願わない

アシㇼチェㇷ゚ノミの儀式は、まずアイヌ民族の伝統的な捕獲方法、マレク漁でサケを捕り、それをアペフチカムイ（火のカムイ）に捧げることから始まる。マレクとは鉤銛《かぎもり》のこと。魚を突くと銛が反転し、魚が動くほどに体に食い込む仕掛けになっている。

儀式の直前、その日漁を行う少年が丸木舟の上でカムイ

静かに丸木舟を移動させながら、
サケの動く方向やスピードを予測。瞬間的な判断で突く。

ノミを行っていた。マレク漁は舟に乗って行われるのだ。まだ中学生らしいその少年は、最初に舟の先頭部分に挿してあるイナウの先端に、シラリ（酒粕）を、続いてトノト（御神酒）をイクパスイというへら状の祭祀具で捧げ、オンカミ（礼拝）をした。

「サケが獲れるように、じゃなくて、怪我なく無事に終わるようにって祈るんだぞ」

一連の所作を見守っていた青年が声をかける。

そのとき、中村さんの言葉を思い出した。それは、アシリチェプノミは豊漁を祈る儀式かと確認したときだった。

「いいかい。アイヌは豊漁や大漁を願わない民族だ。サケが上がってくれてありがとう。それだけだ。そこを勘違いしないでほしい」

終始穏やかな中村さんの口調が、その瞬間、諭すような毅然とした声に変わった。では、お願いごとはしないのか。そう尋ねると、

「具体的にこれをくださいと言うことはしない。ただ感謝して、またコタンに戻ってきてくださいとお願いするんだ。そうしたら、次は形を変えて何かを与えてくれる。それは別の食べ物かもしれないし、子どもが授かることかもしれない。そういう発想なんだ、アイヌは」

と言う。

青年もまた、「サケが獲れるようにとは祈らないんですね」というこちらの質問に、「アイヌは豊漁を願うことはしないから」と即座に答えた。中村さんが語ったアイヌの精神は、若い世代にも受け継がれているのだ。

サケを送る

マレク漁では、マレクで引き上げられたサケの頭部を、イサパキックニという祭祀具で叩き、とどめを刺す。この行為を、中村さんは、

「サケを送る」

と表現する。殺すのではない。

「送る。何でも送る、だ」

そう言って、紙に「死」という言葉を書き、その上にばってんの印を付けた。この言葉は使わない、と。

魂をカムイの国へ送る。それはアイヌの人たちが、もっとも大切にしてきた風習だ。サケを送る祭祀具、イサパキックニも、ただの棒というわけではない。聞けばこの地域の言い伝えで、以前一度周囲に落ちていた棒でサケを送ったところ、翌年遡上する数が激減。以来ヤナギ、またはミズキの木を削り、簡単だがきれいなイナウを作って送るようになったという。

心を尽くして送ることができれば、そのサケは、人間界で大切に扱ってもらったとカムイの国でみなに伝え、それを聞いた多くのカムイが、今度は自分も行ってみようと降りてきてくれる、そう考えられているのだ。

この日、無事送られたサケは、うやうやしく運ばれて火のそばに置かれ、中村さんの手によって心臓と白子、さらに一番おいしい部分の肉が切り出されてアペフチカムイに

サケを渡す少年も、受け取る女性もまずオンカミ。女性は低頭してサケを捧げ持ち、中村さんへ運ぶ。

捧げられた。今年はじめて遡上したサケの一番大事な部分を、感謝の心で捧げることで、アペフチカムイは人々の願いをカムイたちへ伝えてくれるという。

復活した儀式

儀式では、まず祭主の声がけで、参列者全員がいろいろなカムイに向かいオンカミ、つまり礼拝をする。最初はアペフチカムイに、次に自分たちが使う祭祀具に、そして最後はヌササン（祭壇）に向かってオンカミの所作——両手を摺り合わせながら左右に揺らし、その後手のひらを上にして数回上下させる——を行う。

「オンカミは、カムイへの畏敬の念の表れ。同時に武器を持っていないことを明らかにして、カムイや人に対して信頼関係を持ってもらう意味がある」

と中村さんは説明する。

続いて祭主による祈りの言葉が捧げられる。昨年のアシㇼチェㇷ゚ノミから今日まで無事であったことに感謝を捧げ、今年一年の無事を願う、このイノンノイタㇰと呼ばれる祈りの言葉が、まるで歌うように、ゆったりした節とリズムを伴って静かに響く。これは千歳独特のイノンノイタㇰで、アシㇼチェㇷ゚ノミの復興に尽力した中心メンバーであり、初代祭主を務めた野本久栄《のもとひさえ》さんが、千歳のエカシ（長老）の唱え方を継承したという。

「アイヌの風習は土地ごとに伝承されてきたもの。それぞれ違うから、この唱え方はあそこと違うとか、所作が違う

サケは中村さんによってさばかれ、心臓、白子、肉の順でアペフチカムイに捧げられる。

などと言うのは御法度。それだけは覚えておいて」

千歳のアシㇼチェㇷ゚ノミが復活したのは、平成3（1991）年。昔は当たり前に行われていた儀式が100年以上も途絶えていたのは、旧土人保護法の制定で、アイヌの伝統的な狩猟採集生活が禁止されたからだ。特に主食であるサケは、アイヌの人々にとって、ある意味捕れ高が読める食糧だった。その大切な命の糧を一方的に断たれたことは、どれほど大きな打撃だっただろう。

「アイヌは食べる分しか捕らなかったし、捕り尽くさなかった。山菜もそう。今風に言えば、元本をつぶさないってことだ」

旧土人保護法が廃止されてからは、伝統文化を残す目的の儀式に限り、北海道庁から許可が出て、サケを捕ることができるようになったという。

「以前ある取材で、オハウは石狩鍋の原点だと主張したけど、却下されてね。悔しい思いをしたんだよ。理由は証拠がないからって。アイヌは文字を持たない民族だから」

中村さんは母親がアイヌ。千歳のアイヌ集落で生まれ育った。父親は山形出身で、血としては2分の1のアイヌだが、中学時代に同級生から差別を受け、それならアイヌになりきった方がいいと思ったという。どちらにしろ、顔はアイヌに見えるのだから、と。

「アイヌとして活動していると、周囲から仕事は大丈夫かと聞かれることがある。でも、仕事が減ったことはない

女性たちによるイチャㇽパ（先祖供養）の後は、和やかな雰囲気で歌や踊りが披露される。

オンカミの後は、低頭したまま下がっていく。アペフチカムイには背を向けない。膳を乗せていたゴザも同様。

ね」

中村さんは建設業を営んでいる。事業主として社員に接するとき、参考になったのがアイヌの人々とのつきあいだった。

「協調するということをウタリ（仲間）から学んだ。それが事業主としての俺を育てたと思う」

では、母親からの言葉で、今も印象に残っているものは？　そう尋ねると、

「人の悪口は言うな。自分に返ってくるからって」

即答だった。偶然かもしれないが、アイヌの人々数人に同じ質問をしたところ、答えはみな、この言葉だった。

儀式では、ヌササンに並ぶ3本のイナウにも、トノト（御神酒）と祈りが捧げられる。このイナウは、ワッカウシカムイ（水の神）、シリコロ カムイ（大地を司る神）、コタンコロカムイ（村を司る神）の3つのカムイで、千歳では、儀式の際このカムイたちを祀るよう言い伝えられているという。

その後先祖供養が行われ、最後に青年たちが、カムイノミで使った祭祀具の一つひとつにオンカミをし、時間をかけて丁寧に片付け始めた。目線より上に捧げ持ち、低頭して運ぶその姿から、祭祀具もまたカムイであると気づかされた。

「実は、今年はじめて秋から冬の数回にわたって、千歳川の川縁でマレク漁を行えることになったんだ」

中村さんが声を弾ませる。数の上限は50匹。だが儀式以外で、道がサケの採捕を許可するのは画期的なことという。

平成31（２０１９）年4月、アイヌ新法が制定され、サケの捕獲に関する規制は大幅に緩和されることになった。アイヌの先住権に関しては、今もさまざまな議論が行われているが、中村さんは、

「市民の理解を得て、許可もきちんともらって、堂々とマレク漁をやりたい」

と言う。

石狩川の支流、千歳川に、今年もサケの季節が訪れる。

アシリチェプノミ
千歳市蘭越47-21（長沼用水取水口）
毎年9月初旬の日曜日に行われる

アペフチカムイに捧げる際は、小さなイナウに刺す。手前が心臓。捧げる前は、もちろんオンカミ。

支笏湖を源とする千歳川は、
石狩川と合流し日本海へ流れ込む。
サケにとっては長い遡上の旅となる。

神様へのプレゼント　イナウ

「イナウは、人間にしか作れないカムイへのプレゼント。カムイの国では、大切な宝物だそうだ」

ある古老はそう言った。

「わかりやすく言えば、ファンレターのようなもの。数が多いほど他のカムイから尊敬されるらしい」と。

もっとも、イナウの役割は他にもある。「カムイが宿る」、つまりカムイの依り代になることもあれば、家の守り神のように、イナウ自体がカムイになることもある。またカムイが自分の国に戻るときは、土産として持たせることもあるという。中には、

「大祭では、ヌササン（祭壇）にそれぞれのカムイのためのイナウを立てて祀り、祈りの言葉やトノト（御神酒）、供物を捧げる。すると、それらがイナウとともにカムイのもとへ飛んでいくんだ」

と説明した人もいた。イナウは人間とカムイの仲介者のような働きもするのだ。

イナウは儀式のたびに作られる。素材となるのは、主にヤナギの木。アイヌの人々にとって、ヤナギは位が高い木だという。もっとも、「千歳はミズキ」、「旭川はミズキやキハダも使う」など、用いる木には地域性もあるようだ。作り方に至っては、「家ごとに違う」と話す人もいる。

イナウ用の木を採取するのは、儀式の2週間ほど前のこと。「節のないところを選んで採り、すぐに外皮を剥がし

て乾燥させる」という。「生の木では、削っても薄いカールができないし、乾きすぎても、削るときちぎれてしまう」からだ。そのため、少なくとも3〜4日、人によっては1週間乾かしてから削るという。

削るときは、マキリと呼ばれる小刀を使い、まず外側を削って白い木肌を出す。そして、遠くから自分の方へ刀を動かし、できるだけ細く削っていく。

削りかけは、刃を当てる角度によって太さが変わる。細く削るには技術が必要で、理想は「細く長く、一定の太さで削る」こと。ちゃんとしたイナウを作れるまでに、10年以上はかかるという。

「精神の悪い者には、良いイナウは作れない」

そんな言葉も耳にしたことがある。昔はエカシが許可した人しか、削ることができなかったとも聞く。いずれにせよ「魂を込めて真剣に削ることが大切」なのだ。

削り終わると、家紋を彫る。特に狩猟採取の時代は、「狩りで獲った獲物のそばに、誰が獲ったかわかるようイナウを立て、人を呼びに戻った」などの話もあり、テリトリーを示すためにも家紋は必要だったという。

ちなみに、女性がイナウを削ることはタブー。イナウ用の木を採りに山に入るときも、女性は同行してはならないという。

「女性がイナウに触ると、作っている人のバチが、全部触った人にいくから」

神聖なイナウには、やはりそれなりの掟があるのだ。

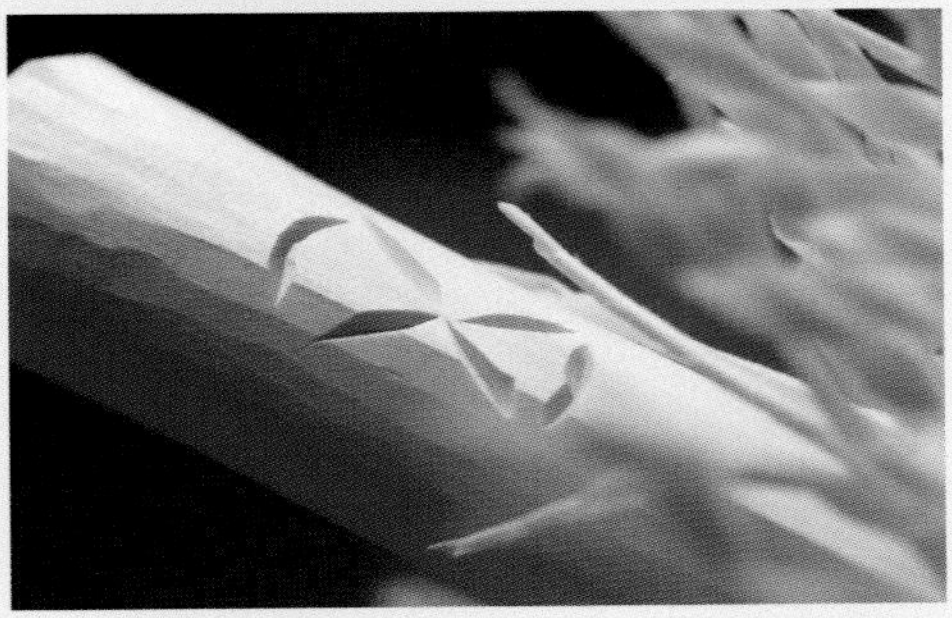

チプサンケ

舟下ろし

平取アイヌ文化保存会の人たち。
カムイノミの後、チセの外で地域の
伝統的な歌や踊りが披露される。

沙流川の川辺に設けられたヌササン（祭壇）で、チプサンケを再現したカムイノミが行われる。

全長約104㎞。日高山脈を源とする一級河川、沙流《さる》川は、中流域に位置する平取《びらとり》町で額平《ぬかびら》川と合流し、太平洋に注ぎ込む。川の合流点にある岩山には、神代の時代、天上から降臨し、アイヌの人々にさまざまな生活文化を教えたとされる文化神、オキクㇽミカムイの居城があったなどいくつか伝承が残ることから、沙流川流域は、古来アイヌの聖地と言われている。

川の民の祈り

平取町二風谷《にぶたに》。沙流川のほとりにある、人口約400人のこの小さな地区は、住民の7割から8割をアイヌの人々が占める、道内でもっともアイヌの比率が高い地域だ。この地に住む人々にとって、川は生活の一部。特に二風谷ダムができる以前は、川向こうにも田畑があり、人々は毎日渡り舟に乗って畑仕事に出かけていたという。山菜や松茸を採りに行くのも、舟で向こう岸の山へ。当然、舟は生活必需品だった。

アイヌの人々は、この世のあらゆるものに魂が宿ると考える。道具も然り。特に使い手のことを想い、心を込めて作られたものには良い魂が宿るとされ、大切に扱われる。道具としての役目を終えたときも、宿った魂を解放するため、刃物などで傷をつけ、感謝を込めてカムイの国へ送り返したという。

彼らが「チプ」と呼ぶ丸木舟も、かつては新しく造るたび、カムイノミ（カムイへの祈り）を行っていた。川のカム

川遊びの風景。丸木舟はバランスを取るのが難しく、うまく操れるまで2、３年はかかるという。

イには無事完成した報告を、山のカムイには舟材を授かったお礼を言い、それぞれのカムイに感謝を捧げるのだ。さらに、舟を川に下ろす直前には、魂を入れる儀式、チプサンケ（舟下ろし）も行われたという。

そんな丸木舟に関する伝統儀式を再現した行事、チプサンケが二風谷で行われるのは、毎年8月のこと。前夜祭には、若者が中心となってアイヌ式の結婚式、ウトムヌカラが行われ、儀式当日も、最後に丸木舟で沙流川を下る川遊び体験ができることから、チプサンケが行われるお盆明けの土日は、道内外から人が集まりちょっとしたにぎわいになる。

アイヌの人々も、その間大忙し。男性陣はイナウ（木幣）を削ってヌササンを作るなど、祭祀具や会場の準備を、女性陣は、カムイノミで使うトノト（御神酒）をはじめ、シ

舟のカムイへ捧げられたイナウ。
舟の材料となる木を切り倒す前にも
カムイノミが行われるという。

イナキビと麹、米をかき混ぜる。（左上）仕込んだトノトの上に乗せる熾き。
（左下）液を絞る。昔は竹製のざるで漉していた。

ンヌラッパ（先祖供養）のための供物や参列者にふるまう伝統料理を、みなで手分けして作っている。

トノト仕込みの掟

「トノトは本来、祭主の奥さんが造るものなのよ」

そう言いながら、てきぱきとトノトの仕込みをするのは、平取アイヌ文化保存会、食文化担当の女性たち。チプサンケを10日ほど後に控えた8月初旬、トノト造りが始まったのだ。

最初はイナキビと米、それぞれ同量を合わせて粥状に炊き、細長く大きな木の器に広げて人肌に冷ます。それからカムタチ（麹）を入れて手でよくかき混ぜ、樽に移して適量の水を加え、数日間発酵させるのだ。

「この器はサカエナムテプ（酒粥冷まし）。昔使われていたものを復元したのよ」

作業に加わらず、そばで見ていた女性が教えてくれた。聞けば、身内に不幸があったり、生理中の女性はトノトを造ってはいけないとのこと。男性が造るのも御法度という。カムイへ捧げる神聖なトノトを造るには、それなりの掟があるのだ。

「昔は米が貴重だったから、うちではヒエや乾燥トウキビも入れて作っていた。でもトウキビは、入れると甘味が出るんだけど、水で戻した後臼で搗いて、薄皮を剝いで使うから手間がかかってね。ヒエが主食だったときなんて、一日かかってもその日食べる分の精白ができなかったのよ」

年配の女性の言葉に、若い母親たちが驚きの声をあげる。手を動かしながらのおしゃべりは、普段面と向かって話さないような何気ない思い出話や、ちょっとした暮らしの知恵がするすると口をついて出てくるようだ。

仕込み作業が終わると、食文化担当の一人が、コンロの火にかけていた熾《お》きを、仕込んだトノトの上に置き、カムイノミを始めた。

「熾きは守り神。アペフチカムイ（火のカムイ）がトノトを守ってくれると考えられている」という。

「フチアペ（火のカムイ）、美味しいお酒が造れますようにお守りください」――。

この地で暮らした大正生まれのフチ（おばあさんの尊称）に、生前聞き取りをしたというアイヌ語によるイノンノイタク（祈りの言葉）が、雑然としたキッチンで唱えられる。これから数日、トノトはアペフチカムイに見守られ、ピリカトノト（美味しい御神酒）になっていくのだ。

トノトを漉《こ》す作業は、発酵具合を見極めて数日後に行われる。作業の前には、やはりまずカムイノミ。樽のふたを開けると、トノト独特の甘酸っぱい香りが部屋中に広がった。

「火のカムイ、大地のカムイ」――。

この日は、火のカムイに加え、大地のカムイへの呼びかけで始まった。しかも火のカムイは、通常の呼び名、アペフチカムイではなく、イレスカムイ（「イ・レス」とは、「それ・育てる」の意味）。その2つの呼びかけから、先人たちは、トノトが人間の力ではなく、さまざまなカムイによって醸されたと考えていたことが伝わってくる。続いて、

「遠慮とともに、いたらない女でありますが」――。

カムイに対して「オリパク」、つまり「遠慮」という言葉を使ってへりくだる。そして、このトノトがチプサンケで使われること、「カムイたちが酒宴を持てるよう、イクパスイ（へら状の祭祀具）を揺らせてトノトを滴らせるので、お守りください」という内容の言葉が続く。最後に熾きを取り除き、カムイノミは終了。この熾きはヌササンに返される。

作業ではトノトを網状の袋に入れ、手でひたすら揉んで、液を絞り出すことが繰り返された。途中何度か手伝わせてもらったが、握力の要る作業である。こうして、残った搾りかすはシラリ（酒粕）に、液はトノトになり、ともにカムイたちへ捧げられるのだ。

山盛りのご馳走

チプサンケ当日は、快晴になった。

とはいえ、キッチンでは空を見上げる間もないほど、朝からみな慌ただしい。

「シンヌラッパの供物は、儀式当日に作らなければならない」という習わしがあるからだ。

女性たちはいくつかのグループに分かれ、供物には欠かせないシトと呼ばれる団子やイナキビ入りの御飯、さらに

（右）ふるまい用のシト。丸めた後は少しゆでる。（左上）中心のシトの盛り方にも地域色がある。（左下）果物。

かぼちゃの混ぜ煮、ラタㇱケㇷ゚や、この地方独特という、コサヨと呼ばれるイナキビと豆、キハダの実が入った粉粥などを同時進行で作っていく。

だが途中、みなの手が一瞬止まることがあった。トノトを運んでいた女性が、誤って液の一部を床にこぼしてしまったのだ。もっとも、すぐに、

「誰か飲みたい人がいたんだね」

誰が言うともなく発せられた言葉で、場の空気が元に戻った。

「気の早いご先祖さんか、床のカムイが飲みたがっていたということ。何かこぼしたとき、アイヌではよくそう言うの」

隣の女性が教えてくれた。

キッチンには、シケㇾペと呼ばれるキハダの実を炊く柑橘系の香りが充満している。この実は、味のアクセントとして、コサヨの他、ラタㇱケㇷ゚にも混ぜ込まれるという。

別室では、若い女の子たちがシトづくりに奮闘している。同量の上新粉とイナキビ粉に人肌くらいのお湯を入れ、生地がなめらかに、つやが出るまで練り続けられるシトづくりは、全身を使っての作業。ある意味体力勝負のところがある。若い女の子が、黙々と練ってはそばにいる先輩女性に見せ、「まだまだ」と言われて再び練る。そんなやりとりが繰り返されている。若手の体力と、経験豊かな者の見極め。供物で必ず作られるシトは、両者の連携があって、おいしくできるようになっていると言えるかもしれない。

季節の果物も細かく切られ、オッチケと呼ばれる塗の膳に続々と積み上がっていく。

「供物はなんでもこんもり山に盛るの。たくさんに見えるように。これがあの世では10倍、20倍にもなるんですって」

別のオッチケには、小さな碗がずらりと並んでいる。塩、小魚、米粒、イナキビ、刻みたばこ、そしてシラリ。さらに、できたばかりのイナキビ入りの御飯やラタㇱケㇷ゚、コサヨ、シトの碗が添えられ、最後に別の場所で作られたオハウ（汁物）も加わって、全11品が揃った。お菓子や果物も入れると、オッチケは全部で3つ。ご先祖さんたちもさぞ喜ぶことだろう。

儀式が始まると、女性たちは囲炉裏を囲む男性陣の後ろに座り、進行を見守る。地域によっては、トノトを注ぐ役を女性が行うこともあるものの、多くの場合、女性たちは途中男性から回ってきたトゥキ（杯）でトノトをいただく以外、直接カムイノミに関わることはない。

二風谷では、トノトを注ぐ役を女性が担う。だが、何より他の地域と違うのは、トノトの味を吟味する、男性2人による「シントコサンケ」が行われないこと。代わりに女性ひとりが、トノトの入った酒器の中を参列者たちに見せ、

（上）シントコカㇻカㇻ。
トノトを酒器に入れてみなに見せた後、戻して再び注ぐ。
（中・下）ウコシントコイェ。

おいしくできましたよと披露する「シントコカㇻカㇻ」が行われる。儀式の最後も独特だ。一組の男女が、残ったトノトをシントコと呼ばれる行器《ほかい》に戻し、その周囲に巻いていた、イナウキケと呼ばれる削りかけだけのイナウ2つを、女性は輪にして男性の頭に置き、男性は一本につなげて、女性の首にかける「ウコシントコイェ」が行われるのだ。昔は貴重だったトノトを納めるための所作だというものの、削りかけを交換し合うことにどんな意味があるかまでは、わかっていないという。

カムイノミが終わると、いよいよ宴の始まり。みな総出で古式舞踊を披露し、昼食を参列者にふるまう。シンヌラッパが行われるのは、男性陣が川辺でカムイノミや川遊びを行って不在のとき。時折フチの指示を仰ぎながら、淡々と進められる。供養を終えた女性の一人が、「うちでは、亡くなって一年経たない先祖の名前は呼ばないようにしている」と教えてくれた。「呼び戻されて、この世に戻ってきてしまうから」と。

こうして、メノコ（女性）たちの長い一日は終わる。チㇷ゚サンケという一つの儀式を通し、伝統料理や歌、踊り、そしてアイヌのこころが受け継がれていく。

ハララキ（湿原の鶴の舞）を踊る女性たち。
大空を舞う丹頂鶴の様子を模しているという。

チㇷ゚サンケを終え、2人のフチを囲むように
女性陣みなで記念写真。「ほっとしました」。

チㇷ゚サンケ

毎年8月のお盆明け最初の土日に行われる。
昭和44（1969）年に始まった。
当日は木彫り体験やユカㇻなども聞ける。

オプㇱヌプリの伝説

二風谷には、この地に降臨した文化神、オキクㇽミカムイの活躍が伝わっている。かつて沙流川アイヌと十勝アイヌとの間で争いがあった際、その解決方法として、オキクㇽミカムイが、川の向こう岸にある岩山にそれぞれ矢を射ることを提案。自らもよもぎの矢を射て見事に岩を貫通させ、まんまるの穴を空けた（オプㇱヌプリはアイヌ語で「穴空き山」の意）。それを見た十勝アイヌは恐れをなし、結局退散してしまうのだ。現在もくぼみは残り（写真右側、山の端が一部欠けているところ）、明治30（1897）年の水害に遭うまでは完全な円形だったという。毎年夏至の日の入り時には、太陽がこの穴を通って沈んでいく。

ユカラ

叙 事 詩

木幡サチ子さん。90歳を越えた今も、
二風谷アイヌ語教室の講師を務めている。

「うちの両親は、アイヌ語を使わない人たちだった」

開口一番、おっとりとした口調で木幡《きばた》サチ子さんはそう言った。さらに、

「私は自分がアイヌだと思ったことは一度もない。学校でもアイヌと言われたことはないの」

これが他のアイヌの人の言葉なら、さほど驚かなかったにちがいない。明治からの同化政策時代、親が子にアイヌの言葉や文化を一切教えなかった話は、いろいろな人から聞いていたからだ。だが相手はユカㇻの名手、木幡さんである。

ユカㇻとは、アイヌの口承文芸のひとつで、一般に英雄叙事詩と訳される。もっとも、実際は英雄だけでなく人間の物語などもあり、特にさまざまなカムイが自分のことを語るユカㇻは、カムイユカㇻ（神謡）と呼ばれている。

木幡さんのユカㇻは、歌のようにリズミカルで、アイヌ語も心身一体となった自然な語り口。聞いていると自ずと身体が動き、拍子を取ってしまう。おそらくアイヌ語本来の響きが鮮明に耳に残り、自らも繰り返し口にして体に染み込ませてきたのだろう、その木幡さん節とでも言うようなユカㇻを聞いて、幼い頃からアイヌ語に慣れ親しんできたにちがいないと、勝手に思い込んでいたのだった。

おばあさんの記憶

今年（2019年）90歳の木幡さんは、母方の祖母のみ秋田県出身で、他の身内のほとんどはアイヌという環境で育った。63年連れ添った、今は亡きご主人も母親がアイヌ。もっとも、結婚後は働きづめの毎日で、アイヌ語やユカㇻのことなど考える余裕はまったくなかったという。

「造材の下請けの仕事をしていたんだけど、旦那が人前に出てしゃべる人ではなかったから、山で切った木材の受け入れなんか全部私がして。車の免許も36歳のときに取って、4トントラックも運転していたんだよ」

そんな暮らしに変化が起きたのは、木幡さんが59歳のときだった。仕事中に怪我をして入院。見舞いに来たご主人から、今度平取町内で、はじめてアイヌの歌と踊りを披露する文化祭を開催することになったから、「母さん何か話してくれ」と頼まれたのだ。

「旦那はアイヌ文化保存会の理事をしていたの。でも、私は自分をアイヌだと思ったことはなかったし、アイヌ語なんて話せるわけないしょって、最初は言ったんだよ」

だが、そのとき思い出したのが、父方の祖母が語ってくれたユカㇻだった。

実は木幡さんは、両親の仕事の都合で、5歳からの2年ほど、父方の祖母と一緒に暮らしていたことがあったのだ。

「そのばあさんは、オンネフチ、コタンで一番年の多いおばあさんと呼ばれていて、手のひらひとつでお祓いができる人だった。具合が悪い人を治す力があったから、一日に何人も家に訪ねて来る人がいたんだよ。アイヌ語も、たとえば『ワッカ　カタワエー（水汲んでおいで）』とか、『ワッ

夏の間二風谷コタンで行われる「ユカラと語りべ」では、今も時折ユカラを語る。

カ　エンコレー（水ちょうだい）』とか、小さい子どもでもわかるような言葉を話していたのね」

こうして木幡さんは、入院中6人部屋のベッドの上で幼い頃の記憶を辿り、耳に残っていたおばあさんのユカラを思い出してはメモを取り、夜、布団をかぶってひそひそとアイヌ語の練習を繰り返したという。

本番当日は、アイヌ語や文化の保存、継承に尽力した、萱野茂《かやのしげる》さんの奥様、れい子さんにアイヌの伝統衣装を着せてもらい、舞台に上がった。

「アイヌ文様の着物なんて、生まれてはじめて着たの。見たこともなかったから」

ユカラの出来を尋ねると、

「私は一生懸命お話ししたんだよ。でもね、萱野茂先生は『こーの人、アイヌ語へーただよ』って言ったんだ」

萱野さんの口調を真似しているのか、茶目っ気たっぷりに言う。

「だから私なりにがんばって練習したけど、やっぱり下手なんだなと思って。そしたら最後に、『あなたは頭がいいね』っていう表彰状をくれたの。それで、よーし、それならアイヌ語を習ってみようと思って」

以来、萱野茂さんが主催するアイヌ語教室に通う日々が始まった。

真似ることから

木幡さんの覚え方は、単語を一つひとつ覚えるのではなく、過去に録音されたユカラの音源を何度も聴き、自らも繰り返し語って心身に染み込ませるという、まさに口伝えに近い方法。テープレコーダーも、これまで20機ほど駄目にしたという。

もともと文字を持たないアイヌ民族は、ユカラに限らず、たとえば子どもに大切なことを伝えるときは、何度も繰り返し言い聞かせ、徹底的に覚え込ませるという方法を取ってきた。ユカラの語源も、本来は「真似る」。自分に聞かせてくれたあの人より、もっと上手に語れるようになろうと、最初は真似から始めて、口から口へと語り継がれてきた。節を付けるのは、語る方も聞く方も頭に入りやすいから。昔は夕飯の後などに、毎晩囲炉裏を囲んで語られたという。

中でもカムイユカラは、カムイが人間に訴える、もしく

木幡さんは平取町貫気別（ぬきべつ）で生まれ育ち、今も暮らす。写真は上貫気別（かみぬきべつ）でのシンヌラッパ（先祖供養）で、木幡さんの先祖への祈りの言葉が森に響き渡った。

はカムイが自分自身のことを語る物語で、教訓や戒めを含んでいるものも多い。他にもウェペケレ（地方によってはツイタックという）と呼ばれる昔話や民話もあり、アイヌの子どもたちは幼い頃はウェペケレを、少し大きくなると長いユカラを、まるで連続ドラマのように何晩もかけて聞いたという。ときには同じ話を何度も聞くこともあり、それにより物語に込められた教訓が、ごく自然に身に付いていく。そんなふうにアイヌの人々は、自分たちの精神文化を受け継いできたのだ。

　木幡さんに次の変化が起きたのは、萱野さんの教室に通って10年が経った頃のことだった。

「ある日先生がね、『かあさん、あんた今度から受講生じゃないよ、講師だよ』って言うの。ホントは全然上手じゃなかったんだよ。だから『ええー、なんで私が？』って聞いたら、先生は参議院議員の仕事が忙しくなって留守にしなきゃいけないけど、『講師がいなければ困ります』って」

　以来現在まで、木幡さんはアイヌ語教室の講師を務めている。毎夏平取町で週一回行われる「ユカラと語りべ」では、木幡さんをはじめ、生徒さんたちがチセの囲炉裏端で、それぞれユカラを語ってくれる。もっとも、木幡さんは自分のユカラに今も満足していないらしい。

「アイヌ語は難しい。ユカラも、本当はもう少し節を付けなきゃいけないんだけど、私なんて全然。でもがんばる気はあるよ、まだ」

「おばあさんのユカラは語らないんですか？」尋ねると、

木幡さん自作のキナ（無地のゴザ）。ガマ草が素材で、チセ（住居）に敷いて使用。

「あれはばあちゃんの形見だから、アイヌ語教室では教えない。それに萱野先生に教えてもらったユカㇻが、数えきれないくらいたくさんあるから」

形見――目に見えないものを大事に思い、心の奥にしまっている。その姿が木幡さんという人を、そしてアイヌという民族を、何よりも雄弁に語っている気がした。

語り継ぐ人

木幡さんのご自宅を再び訪ねたのは、それから一年後のことだった。ちょうどキナ（アイヌ伝統のゴザ）を編み終えたところだと言い、部屋には完成品と編み機が置かれていた。

おばあさんの形見のユカㇻがきっかけで、アイヌ語を勉強し始めた木幡さんは、生活面でもアイヌプリ、つまりアイヌらしい生き方を実践するようになった。薪ストーブを使っていた時代は、自宅で先祖供養もしていたという。盆

ゴザ編み機の錘（おも）り石。

チㇷ゚サンケでは歌で踊りを支える。隣は萱野れい子さん。若手は敬いの気持ちを持ってフチに接する。

や正月には薪ストーブで火を焚いて窓を開け、お膳にお酒や米を用意。そして、「アペフチカムイ（火のカムイ）、供物を持って極楽に行ってください」と唱えた後、ご先祖さんに向かって「にこにこしながら集まって、これを食べてください」と供物を捧げるのだという。

かつて母方の祖父が拝んでいたチノミシㇼ（私が祈る山）でも、個人的に祈りを捧げてきた。

「私のじいさんは、本当のエカシだった。お酒を飲む姿を見たこともなかったし、立派な人だったよ。遊びに行くと『サチ、ペットトゥラン（川に遊びに行くべ）』と言って、魚を獲りに行ったり。そのじいさんが山に向かって祈る姿を、子どもの頃に見ていてね。たぶん日頃お世話になってありがとうございます、と拝んでいたんだろうね」

木幡さんはそのおじいさんの気持ちを汲み取り、10年ほど前から年に一、二度、お酒や米、イナキビ、塩などを持ってカムイノミをしてきたのだ。うれしいことに、3年ほど前からは、木幡さんのいとこの息子さんが主体となって行うようになったという。

「ずっと受け継いでくれる人ができた」

言いながら、木幡さんの顔がほころんだ。眼前に広がる風景は、二風谷ダムが建設されてずいぶん変わってしまったが、祈りを捧げる心は、身内の中で生き続けるのだ。

形見のユカㇻ

その日、ユカㇻの語りが始まったのは、持参した菓子折りを供え、甘酒をいただいた後のことだった。木幡さんはおもむろにトイレに立ち、戻ってくると少し水を口に含んで咳払いをし、気持ちを整えるように小さく「よし」とつぶやいてからこう言った。

「題名はね、ヌタプカタ。覚えておいて」

実は昨年、おばあさんの形見のユカラの話になったとき、

「もう誰にも言わないと思っていたけど、どうせ死ぬのが近いんだから、しまっておくことはない。よし、聞かせてあげる」

そう言われていたのだった。だが、結局聞かずじまいで帰ってきたのは、木幡さんが長年大切に心にしまってきたユカラを、出会ってまもない自分が軽々と聞いていいのだろうかと思ったから。再訪に一年という月日を要したのは、形見という言葉の持つ重みを、自分なりに受け止めた結果だった。

「ホレ〜イエ〜　ホーレ　ナイ　ヌタープカタ」

たくさんの苦労をくぐり抜け、そのときどき一生懸命生きて来たフチ、木幡さんの飾らないやさしさ、温もりが、節に乗って伝わってくる。人として大事な教えは、体温を伴った言葉で伝えてはじめて心に届き、刻まれる。先人たちは、そのことをよくわかっていたのかもしれない。語り継ぐ、ということの意味を、改めて考えた時間となった。

ヌタプカタ

山にオオウバユリを採りに行った母親が、山のカムイに赤ちゃんを隠されてしまった。以来、御飯も喉を通らず泣き暮らしていたが、数日後、赤ちゃんは無事帰ってきた。若い母親は、これからはどんなことがあっても大切に育てますと、山のカムイに約束したという物語。途中何度も繰り返される「ホレ〜イエ〜　ホーレ」という言葉は、サケへと呼ばれ、個々の物語に固有のもの。その節を、木幡さんは慈しむように語る。聞き手は、物語の中で子どもがいなくなるという疑似体験をすることで、子どもは大事に育てなければいけないという教えを切実に感じ取ったことだろう。

ユカラと語りべ
5月中旬〜9月下旬の毎週土曜日
平取町字二風谷61の14　ポロチセ内

伝統の織物　アットゥシ

アイヌの人々にとって、木は衣食住すべてに役立つ存在。かつてはそれぞれの木の特質を生かし、たとえば増血作用のあるハンノキはおしゃぶりに、燃えにくいミツバウツギは火箸にと、用途に合わせて活用されていたという。

中でも、オヒョウやシナノキの樹皮を素材とする織物、アットゥシは、百年以上前とほぼ変わらない道具で今も作られている、アイヌの伝統工芸品。二風谷に暮らす貝澤雪子さんはその第一人者で、19歳から60年以上もアットゥシづくりを続けてきた。

「一番大変なのは糸づくり。作業の9割を占めるわね」

樹皮を採るため山に入るのは、木々に水分が一番多く含まれる6月初旬。作業はまず外側の荒皮を剝ぎ、取り出した内皮を数時間釜で煮て、やわらかくすることから始まる。その後、幾層もの内皮を薄く剝がして細く割き、手で撚りをかけながら糸にしていくのだ。数多くの工程中、山に入る以外は、ほとんど雪子さん一人の手作業。草木染めも機織りも一人で行い、よほどのことがなければ毎日織っているという。

「昔は二風谷の至るところで、たくさんの人が織っていたんだけどね」

もともと衣服に用いられたアットゥシは、今、雪子さんの手によって、和服の帯など新たな生命が吹き込まれ、広がりを見せている。

アイヌ文様を刻んだお盆　イタ

一方雪子さんの息子、守さんは、やはりアイヌの伝統工芸品、イタと呼ばれる木製の平盆を作っている。素材に用いるのは、主にクルミやカツラの木。

「クルミは木が硬いのに彫りやすいし、カツラはやわらかいけど狂いにくい。どちらも用途に向いています」

アイヌの人々は、もともと日常使う道具を文様で美しく飾ってきた。文様には、魔除けの役割があるとも考えられてきたからだ。伝統衣装の襟や袖、裾口に刺繍を施すのもそのためで、イタも、表の面全体にさまざまな文様が彫り込まれている。

「文様はすべて自然界にあるもの。地域によっても違うと言われていますね」

二風谷で代表的な文様は、主に4つ。渦巻きの形をしたモレウノカや、棘のある形のアイウㇱノカ、そして、ウロコ文様のラㇺラㇺノカ、目の形をしたシㇰノカで、それをどう組み合わせ、アレンジするかに、作り手の個性が現れるという。特にウロコ文様を多用するのが二風谷イタの特徴だけに、守さんも、「木の目に対して、削ぐのではなく切るように、ひとつひとつ彫っていく」と、こだわりを見せる。もっとも、その一方で、

「できるだけ基本を崩さないように。そして使う人の魔除けができるようにと思いながら、丁寧に作ることを心がけている」と言う。

ある古老が言っていた。

「単にものを作るのではなく、どういう目的で、誰に作るかをちゃんと頭の中に入れて作ると、良い精神が宿る」と。

アイヌの人々にとって、ものは心の表れであり、魂の入った生き物でもあるのだろう。

チャランケ

談　判

旭川市郊外の嵐山で行われるカムイノミ。
嵐山はもともとアイヌの人々にとって聖なる地だった。

クーチンコロ顕彰碑の建立は1975年。以来毎年5月頃に嵐山でカムイノミ（カムイへの祈り）を行い、先人に感謝を捧げる。

エゾハルゼミの鳴く声が、新緑の森にこだまする。旭川市郊外にある嵐山《あらしやま》。多くの動植物が生息する、この自然豊かな小高い山の一角に、ひっそりとたたずむ石碑がある。「クーチンコロ顕彰碑」。チノミシㇼカムイノミの祭主、川村兼一《かわむらけんいち》さんは、敷地内に復元された笹葺きのチセ（アイヌの伝統家屋）で儀式を行った後、石碑に向かい、偉大な先人へ感謝の祈りとともにイナウ（木幣）を捧げた。

チノミシㇼとは、アイヌ語で「我ら・祈る・山」。かつてこの山は、上川《かみかわ》盆地に住むアイヌの人々が、イヨ（オ）マンテ（熊送りの儀式）で送った熊の頭骨など、動物や物に宿る霊魂をカムイの国へ送った後、最終的に納めたという送り場で、カムイたちと人間を繋ぐ聖地だった。女性は足を踏み入れてはならなかったという。

上川アイヌの人々は、かつてペニウンクㇽ、つまり石狩川の「上流に住む人」と呼ばれていた。アイヌの伝説では、石狩川は天から降りてきたシマフクロウが、親指で大地を引っ掻いて作ったと言われている。

「護岸工事される前は、全長３６５kmの大きくうねる美しい川だった」

川村さんは言う。かつてはサケも大量に遡上し、加えて丸木舟による主要な交通路でもあったことから、川沿いには多数のコタンが形成され、その住人はイシカリウンクㇽ（石狩に住む人）と呼ばれていた。加えてこのイシカリウンクㇽは、川の中流域に位置するカムイコタンと呼ばれる伝説の地を境に、大きく２つに区分され、上流に住む人たちをペニウンクㇽ、現在の深川《ふかがわ》、滝川《たきかわ》など下流に住む人たちをパニウンクㇽ（下流の人）と呼んでいたという。

クーチンコロの談判

石碑にその名が刻まれた「クーチンコロ」は、江戸時代のペニウンクㇽ、つまり上川アイヌの村長《むらおさ》だった。

「アイヌでは村長をコタンコㇿクㇽと言うけれど、雄弁家で勇気があり、器量がよくて手先が器用、４つの資格がないと選ばれなかった。世襲制じゃないんだよ」

中でもクーチンコロは抜きん出た存在だったようだ。

「クーチンコロは雄弁家で、松浦武四郎が蝦夷地を探査したときガイドとして同行した。彼がいなければ、上川アイヌは絶滅していただろうね」

そんなクーチンコロが、上川アイヌの危機を救った手段。それがチャランケ、つまり談判だった。

アイヌの社会では、秩序に反する行為があった場合、まず議論をたたかわせて是非を決める風習があった。有名な民話も残されている。チャランケするのは１匹の狐。ある

現在嵐山には「アイヌ文化の森・伝承コタン」が作られ、チセ（住居）やヌササン（祭壇）が復元されている。

海外の先住民族とも交流経験のある川村さん。
「アイヌも、漁業権や土地を持つバンクーバー島の先住民のようになれば」。

日、狐は人間が捕ったたくさんのサケの中から、1匹だけを頂戴した。だが、人間に悪口雑言を浴びせられる。それに対し、狐は毅然とチャランケするのだ。

「石狩川のカムイは、人間だけでなく熊やわれわれ狐など、サケを食べるすべての生き物に充分行き渡るよう、遡上するサケの数を決めてくださっている。それなのに、なぜ自分だけ罵倒されなければならないのか」

狐の言い分は聞き入れられ、最後は村人全員が謝罪したという話である。

チャランケはカムイに対しても行われた。たとえば山で大怪我をしたり、海で水難事故があったりすると、昔は村人全員が刀を持ち、独特の奇声を発しながら、山や海のカムイに向かって徹底的に抗議したという。「いつもお祈りし、たくさんおいしいものを捧げているのになぜ目を逸らしたのか。そのために大変な事故が起きてしまったではないか」と。そうして一通り抗議し終えると、新しくイナウを作り、「今度は絶対しっかり守ってくれ」とお願いするのだという。それだけカムイは身近な存在で、日頃から敬い、きちんとするべきことを行っているからこそ、カムイに対しても毅然とした態度が取れたのだろう。

クーチンコロがチャランケした相手は、兵部省石狩役所の役人だった。江戸時代の中期以降、松前藩に運上金（税金の一種）を払い、アイヌとの交易拠点だった商場の経営を任されるようになった商人は、しだいに漁業にも手を広げ、アイヌの人々に過酷な労働を強いるようになった。北海道沿岸各地に設けられた漁場では、強制的に連行されたアイヌの男性が、まさに死ぬまで長時間労働させられたという。上川アイヌの男性たちも、長年夏の間は川下の石狩に駆り出され、冬は地元のコタンに帰るという生活を繰り返していた。だが明治2（1869）年、ついに石狩の働き手がいなくなったことから、上川アイヌの男性全員が完全に強制移住させられてしまうのだ。そんな状況を見かねたクーチンコロは、役人を相手に毅然とチャランケ。全員コタンに連れ帰ってきたのである。

闘うアイヌ

「上川アイヌはいつも闘ってきた」

川村さんは言う。つまり、自分たちアイヌにとって、不正義で理不尽なことと闘ってきたというのだ。

川村さんは、現在旭川市にある川村《かわむら》カ子《ね》トアイヌ記念館の館長を務めている。この記念館は、大正5（1916）年に川村さんの祖父、川村イタキシロマが自宅の敷地内にアイヌ文化博物館を開設したのがはじまりという。川村カ子トはその息子であり、川村さんの父にあたる。

「川村家は、9代前までオホーツクの湧別《ゆうべつ》にいたらしい。というのも、うちの家紋はシャチの背びれなんだ」

つまり、熊などのいる内陸ではなく、シャチのいる海沿い出身の一族だろうというのだ。

川村さんが記念館を継いだのは昭和52（1977）年、26歳のとき。19歳から東京で暮らし、写真館などで働いて

いたが、父親の急病で心の準備ができないまま旭川に戻ってきた。以後、地元のエカシ（長老）たちや、ときには平取町や阿寒湖にも足を運んで、さまざまなエカシたちからアイヌ文化や風習を学んだという。

「1984年に弟子屈《てしかが》町でシマフクロウ送りをやっているのを見て、旭川でもやろうと翌年イヨ（オ）マンテをやった。そのときはじめてイナウ作りを覚えたんだ。言葉もアイヌ語教室を開いて、必死に勉強した。当時はまだアイヌ語を話せるフチ（おばあさんの尊称）がいたから、講師になってもらってね」

　そんな懸命な体験を積み重ね、後に川村さんは、自身でもアイヌ文化の伝承活動に取り組むようになった。

　川村家は、明治20（1887）年ごろまで旭川市の永山《ながやま》地区に住んでいた。だが、上川盆地が北海道中央部の開発拠点となったことから、屯田兵村が永山地区に設置され、川村家をはじめとする近隣のアイヌ約50世帯が、現在記念館のある周辺の近文《ちかぶみ》地区に強制移住させられることになった。

「昔はそこに川が流れていてね」

　後日記念館を訪ねた際、川村さんが、敷地前の交通量の多い片側2車線道路を指差した。

「今は埋め立てられてしまったけれど、それまではサケが、それこそぼっこ（棒）を立てても倒れないくらい遡上していたらしい」

　つまりこの地は、サケを求めて古くからアイヌの人々が選び、暮らした土地だった。だが明治11（1878）年、サケ・マス漁が禁止。やがて明治32（1899）年には、「北海道旧土人保護法」が施行され、アイヌの人々は、1世帯に対し最大1万5千坪の土地を貸し与えられ、15年以内に開墾して収穫をあげるよう強要された。対して、

「屯田兵は1世帯4万坪。永山は肥沃な土地で、農業に適していたらしいね。でもこの近文は、サケは獲れても農業には適さない土地だった」

　肥沃な土地は和人（日本人）、荒れた土地はアイヌという図式は、道内各地で耳にする話である。だが、上川アイヌが闘わなければならなかったのは、ことがそれで終わらなかったからだ。明治34（1901）年、ロシアからの防衛のため、陸軍第七師団が近文地区に設置され、上川アイヌの土地は、1世帯3千坪まで減らされてしまうのだ。

「師団の前にアイヌの部落があると見苦しいからという理由で、1万2千坪は軍の領地になってしまった。昔から祈りを捧げてきたチノミシㇼも、景観が京都の嵐山に似ているからと、勝手に名前を変えられてしまったんだ」

　理不尽な偏見や差別。川村さんの祖父、イタキシロマが博物館を開設したのは、そんな状況への一種のチャランケだったと言えるだろう。

「当時、この近文地区には、物見遊山の軍人がたくさん来たらしい。だからイタキシロマは、自分たちアイヌ民族のことをちゃんと知ってほしいと、チセを造って博物館とし

川村さんの妻、久恵さんの魂を揺り動かすような歌に合わせ、最後は見学者も一緒に輪踊り。

て開放したんだよ」

ここまで一気に説明し、川村さんは一呼吸ついた。ときに歯に衣着せぬ言い方で、ぶっきらぼうにも思える川村さんだが、根っこにあるのはイタキシロマと同じ、「アイヌ民族のことをちゃんと知ってほしい」という切実な思いだ。自分たちアイヌが何を誇りに思い、どんな悔しい想いをしてきたか。川村さんは、5年ほど前、各地のカムイノミに通い始めて、まだまもない自分が発するトンチンカンな質問にも、根気よく一から説明してくれたのだった。

川村さんは言う。

「でもね、そんな境遇でも、アイヌは屯田兵や開拓民の子どもを我が子として育てた。うちのおふくろも、本州に戻る和人が、口減らしのため置き去りにしていった子どもだったんだ。アイヌは子どもが大好きで、ちゃんと育てることを彼らはわかっていたんだよ」

明治から昭和初期にかけて、アイヌが育てた和人の子どもは、6000人を下らないと言われている。

奪われた土地に関する問題や、遺骨返還問題。アイヌ民族に関する問題は、今もまだ解決されておらず、中には闘い続けている人もいる。

チノミシㇼカムイノミで手渡された冊子には、次のような一文が記されている。「アイヌの伝統的生活はなくとも、アイヌとしてアイデンティティを持っている人たちがいる」。その言葉が重く響く。

嵐山近隣の市営旭岡墓地には、今ではほとんど見られないクワ（墓標）がある。クワは別名「イルラカムイ（死者を運ぶカムイ）」。あの世へ旅をする死者の前に立って道を照らし、迷うことがないよう案内する役を担う。形は地域や男女でも異なり、旭川は右が男性用。

カムイコタンの伝説

カムイコタンは直訳すると「神の村」。だが、この地には魔神ニッネカムイが住んでいたと伝わることから、「魔の里」とも訳される。アイヌの人々に伝わる民話（旭川ではツイタックという）によれば、ニッネカムイは目玉が6つある化け物で、この地で英雄サマイクㇽと戦った。結果、サマイクㇽは殺されるものの、魔除けの植物、イケマをかじり、「フッサフッサ」とまじないの呪文を唱えて生き返る。そして、無事ニッネカムイを退治したという。現在もこの地には、サマイクㇽが斬りつけた刀痕が残る岩や、「ニッネカムイの首」と名付けられた岩など、民話ゆかりの奇岩がいくつもある。

根室半島ノッカマップ岬。
かつてクナシリ・メナシの戦いで
処刑された先祖への供養が毎年行われる。

ケウタンケ

無念の声

波の音しか聞こえない。空にはどんよりとした分厚い雲。一匹のオジロワシが、海から吹き上げる風に大きな羽をあずけながら、頭上をゆっくりと旋回している。

北海道の東端、根室《ねむろ》半島に位置するノッカマップ岬。今は荒れ野原が広がるばかりのこの岬には、かつて根室半島から知床《しれとこ》半島一帯を区域としたメナシ地方（ただし現在の目梨郡は羅臼《らうす》町のみ）の中心地があったという。

すべてはコシャマインから

「ここのイチャルパ（先祖供養）は普通とは違う。惨殺された人たちの供養だから」

ノッカマップ・イチャルパに臨む祭主の澤井《さわい》和彦《かずひこ》さんの表情からは、ピリピリとした緊張感が伝わってくる。

１７８９（寛政元）年、アイヌの人々は、長年不当な扱いを強要し続ける松前藩に対し、抗議の蜂起を行った。参加したのは、クナシリ（国後）島やメナシ地方のアイヌ、１３０人。みな武器を手に、71人の和人（日本人）を殺めた。いわゆるクナシリ・メナシの戦いである。

松前藩は、ただちに２６０人の兵をこの地に送った。アイヌの人々も砦を作り、交戦の構えで立てこもったという。だが、クナシリ島の首長などの調停で決戦は回避され、代わりに蜂起の中心人物37人が、この岬で処刑されてしまうのだ。

「それまでひどい仕打ちを受けたからね。我慢して我慢して、状況が変わらなかったから爆発したんだ」

蜂起した人々の胸の内を、澤井さんはそう代弁する。

アイヌと和人との軋轢は、主に交易をめぐって生じていた。そもそも北海道の道南各地に、本州からの和人が拠点を築くようになったのは15世紀のこと。当初アイヌの人々は、狩猟で得た熊や鹿、ラッコなどの毛皮や、熊の胆《い》、干鮭、昆布などを和人に渡し、代わりに米や煙草、清酒、漆器、鉄製品などを受け取っていたという。まだ和人が「シサム」、つまり良き隣人と呼ばれていた時代だ。だが両者同等だった関係は、和人が交易の主導権を握り出し、自分たちに有利な交易態勢をアイヌの人々に強制するようになったことから、徐々に悪化していくことになる。

「すべてはコシャマインから始まっている」

澤井さんの言う「コシャマイン」とは、１４５７（長禄元）年、渡島《おしま》半島東部のアイヌの首長、コシャマインに率いられたアイヌの人々が、和人たちを襲ったコシャマインの戦いのこと。アイヌ民族の抵抗の歴史は、このときから始まるのだ。さらに２００年あまり後の１６６９（寛文９）年には、シベチャリ地方（現在の日高地方）の首長シャクシャインが蜂起し、全道のアイヌが立ち上がった。だが、やはり松前藩に鎮圧され、状況は悪化の一途をたどるのだ。

クナシリ・メナシの戦いは、18世紀のはじめから、松前藩が交易の権利を本州出身の商人に任せ始めたことも一因にある。事業拡大を狙う商人により、アイヌの人々は、わずかな報酬で過酷な労働を強いられる、奴隷的な労働者に

処刑された37人のために、先祖供養用のイナウへ向けて、祭主がトノトと祈りを捧げる。

なってしまうのだ。長時間労働に耐えられなければ殺される。働き手の留守中に、妻が和人に乱暴されることもあったという。澤井さんの言う「ひどい仕打ち」とは、その一連のことを指しているのだ。

37人の名前

ノッカマップ・イチャㇽパのヌササン（祭壇）は、目の前がすぐ海という小高い丘の上にあった。海に対峙するように一列に並んだイナウ（木幣）は、風雨にさらされ黒ずんでいる。荒涼とした風景の中にひっそりと立つ、その朽ちたイナウを見たとき、アイヌの人々にとって「朽ちる」、つまり土に還ることは、何より大切なことだと教えてくれた、ある古老の言葉を思い出した。墓標を木で作るのも、亡くなった人を土葬するのも、すべて土に、大地に還すためだと。イナウもまた、大地に還るときを待っているのだろう。

儀式は丘のふもとにある建物内でのカムイノミにはじまり、その後ヌササンのある丘の上に移動して、イチャㇽパが行われる。上ってすぐに、まず男性陣が新しく真っ白なイナウをヌササンに取り付け、それぞれの房の先にトノト（御神酒）を浸し、それをイナウの頭頂部に浸けていく。イナウに宿るそれぞれのカムイに、トノトを捧げているのだ。その間聞こえるのは、寄せては返す波の音ばかり。「天気がいい日は、国後島の爺爺岳《ちゃちゃだけ》が見える」と澤井さんは言っていたが、この日は分厚い雲がすべてを覆い尽くし、島がどこにあるかもわからない。

進行役の男性が、処刑された37人の名前を一人ずつ読み上げ始めた。一人読み上げるごとに、参列者が順番に、その亡くなった人のためのイナウを受け取り、イチャルパ用のヌササンに挿す。そして、シト（団子）や果物などの供物をちぎり、自分もいただきながらイナウに捧げるのだ。アイヌも日本人も関係ない。居合わせた人たちすべてが、かつて起こった悲劇を悼み、無念の最期を遂げた処刑者たちに心を向ける。それは自分にとって、彼らの心情をわからないなりに想像し、その無念さをほんの少しでも分かち合えればと、真剣に願う時間となった。

雨がぽつぽつと降り始めたのは、イチャルパがひと通り終わった頃。やがて雨脚は一気に激しくなった。

無念の声

再びカムイノミが始まったのは、深夜12時前のこと。実はノッカマップ・イチャルパは、一日では終わらない。日中の儀式が終わった後、参列者は一度休憩し、日付が変わる頃にヌササンのある丘に行って、今度はケウタンケを行うのだ。

ケウタンケとは、アイヌの人々が危急の際発する声のこと。だがノッカマップでは、このケウタンケに特別な意味合いがある。

「処刑された人たちが、惨殺される前に声を出したんだ。無念の声を。それが今も伝わって、このイチャルパでやることにしているんだ」

カムイノミでは、これからケウタンケを行うことを、澤井さんがアペフチカムイ（火のカムイ）に報告。それから、参列者全員で丘に移動した。

いつしか雨は止み、頭上には雲の切れ目から、星が顔をのぞかせている。丘に着くと、ヌササンが薄ぼんやりと浮かび上がって見えた。男性陣は前に、女性たちは後ろに座り、隣同士手をつなぐ。海の向こうには、ちらちらと瞬く国後島、泊《とまり》村の灯り。ほの暗い闇の中、まず澤井さんが立ち上がって、何かを舞い始めた。アイヌ刀《とう》を鳴らしているのだろうか。カシャッ、カシャッ、という乾いた音が、波の音に混じって聞こえてくる。波の音と刀の音。闇に響き渡る2つの音が、重い波動を伴いながら迫ってくる。感覚は徐々に研ぎすまされ、辺りを包む空気の密度も増していく。

ケウタンケが始まったのは、もはやここがどこで、今がいつなのか、時空の感覚が遠のいた頃。

「オォォォォォォォ」

男性陣が一列に並んで腕を組み、女性たちが見守る中、野太い地声を発し始めた。

——俺らはちゃんと一つになっている。

その想いを宿したケウタンケの声は、２３０年という年月を越え、無念の最期を遂げた人々のもとへ放たれる。

すべてが無事終わったことをアペフチカムイに報告する

アペフチカムイにポンシトゥイナウを捧げ、オンカミして祈る澤井さん。副祭主がそれに続く。

カムイノミは、再び丘のふもとの建物で行われた。深夜の濃密な空気の中、澤井さんがポンシトゥイナウと呼ばれる、割り箸ほどの小さなイナウを全部で3本、アペフチカムイのそばに1本ずつ並べて挿し、副祭主とともに、両手を左右に揺らすオンカミ（礼拝）の所作を始めた。1本、また1本と、イナウは燃え尽きて灰になっていく。その様子を凝視したまま、2人は何かを念ずるように集中してオンカミを続け、最後の1本がすべてぽとりと灰になって落ちる、その瞬間を見届けてはじめて、手を止め、姿勢を正した。張りつめていた空気が、ようやく一気にほどけた。

秘伝の祈り

あのとき何を祈っていたんですか。そう尋ねたのは、儀式を終えた後のことだった。「あのとき」とは、ポンシトゥイナウが燃え尽きていく間のことだ。

「それは次の祭主にしか教えられないことなんだ」

澤井さんは煙草に火を点け、一息ついてから言葉を続けた。

「あれはちゃんと燃え尽きないと駄目でね。俺はだいたい成功するけど、以前副祭主がやったとき燃え残ったことがあって。そしたらやっぱり、あとで体調が悪くなった。亡くなったエカシたちは、今はまだ、俺と副祭主の肩にドンと憑いているから」

では何か感じる瞬間があるのかと尋ねると、

「俺ね、そういうの疎いから。お化けなんかも見えねえ

ケウタンケが始まるのは深夜12時頃。
無念の声と波の音が、闇の中に響き渡る。

し」

　どこかあっけらかんとした口調である。

　ポンシトゥイナゥという小さなイナウも、ここではじめて見たと伝えると、「阿寒ではアシㇼパノミ（新年に行うカムイノミ）で使っている」と言う。

　澤井さんは阿寒在住。実はこのノッカマップ・イチャㇽパの祭主を務めるのは、代々阿寒湖アイヌコタンに住む人たちで、澤井さんの父親も祭主だった。澤井さん自身も10年ほど前から手伝いにくるようになり、平成27（2015）年から祭主を務めるようになったという。

「今話しているこの場所で、秋辺《あきべ》今吉《いまきち》エカシ（長老）から、和彦、次はお前がやりなさいって言われてさ。俺の親爺や他のエカシも、ああいいよって」

　今話している場所とは、カムイノミを行う建物の隣の休憩所で、ここで澤井さんや参列者は御飯を食べ、仮眠をする。もっとも、一度儀式が始まると囲炉裏の火が絶えることはなく、澤井さんは副祭主と交替でアペフチカムイに付き添い、一晩中火を守り続ける。

「祭主に指名されるのは名誉なことだけど、その分きちんとしなきゃならないから大変なんだ」

　たとえばイナウを削るとき、違うことを考えたり、ダルイな、などと思いながら木を削ると、なぜか手を切ってしまうという。

「どんなベテランでもそう。すぐバチが来るんだよなぁ」

　それから話題は、刀を使った舞へ。

「月明かりの夜は、刀が光って見えるらしい」と澤井さんは言う。

　実はアイヌの男性の代表的な踊りにも、「エムシリムセ（剣の舞）」と呼ばれる刀を使った2人舞がある。だがノッカマップで踊るのは、一人で踊る供養の舞。エムシリムセとは違うものという。

「俺もここを手伝うまで、そんな舞があるなんて知らなかった。次はお前がやれって指名されて、この休憩所ではじめて教えてもらってさ、そのままヌササンの前でデビューしたんだ。アイヌは何でも現場でしか教えないからね」

　その年は、供養の舞を舞う澤井さんの両脇で、エカシ2人が弓の舞も舞っていたという。聞けばこの舞も、通常の弓の舞（クリムセ）とは違っている。

「弓の糸を外して舞うんだ。糸を付けていたら、まちがいなく打つからね。こういう舞は、もしかしたら阿寒にしか伝わっていないかもしれないね」

　とはいえ、普段澤井さんは林業、副祭主は漁師などと、みな仕事を持ちながらの祭祀である。ときには人数が揃わず、澤井さんがたった一人でケウタンケや刀の舞を舞ったこともあれば、大雨でケウタンケ自体できなかったこともあるという。だが、たとえ完璧でなくても、一年に一度、誰かが忘れずこの地に来て、できる限りの供養をする。何より続けることこそ、意味あることなのかもしれない。

　夜が明けて、再びカムイノミを行った参列者は、車で30

分ほどの納《の》沙布《さっぷ》岬に移動し、今度は亡くなった和人71人の慰霊碑の前で、イナウと祈りを捧げた。「来年もまた来ます」――。日本語で語りかけた澤井さんは、最後に、慰霊碑の前に置いたイナウを海に捧げた。

「アイヌは争いをしない民族で、和人ばかり悪く言う人もいるけれど、『アイヌだって悪かった。和人を殺めたんだから』。俺らはそうエカシたちから教わってきた」

アイヌと日本人、両者がそれぞれ歩み寄り、私たちが再び良き隣人、シサムになる日が来ることを、願わずにはいられない。

「儀式に関することは、書かずに見て、聞いて覚える」と澤井さん。
「自分用にアレンジしてはいけない」。

嬉しいときも悲しいときも歌い踊る

ウポポとリムセ

「いくら駄目と言われても、やっぱり我々は血が騒ぐんですよ」

アイヌ伝統の歌や踊りが禁じられていた時代を、ある60代の女性は振り返る。

「アイヌは嬉しいときも悲しいときも歌い踊ります。昔は誰かが亡くなったとき、その人の思い出話をしながら、3日3晩歌い踊ったそうです」

カムイノミでも、終わった後は必ずその地域の歌や踊りが披露される。アイヌの踊りは、リムセと呼ばれ（地域によって「ホリッパ」「ヘチレ」などの呼び方がある）、内容も多種多様。ツルやアマツバメ、ワタリガラス、バッタなど動物の動きを織り込んだ踊りや、ヨシが風に揺れるさまを表現した踊りなどの他、魔を祓うための踊りや体力比べのようなものもある。

「リムセの基礎は足。特に屈伸は大事」

そう話すのは阿寒在住の女性。もっとも、地域によっては、踏みしめるように足を運ぶなどの違いもあるという。中には、男性が踊る「エムシリムセ（剣の舞）」や「クリムセ（弓の舞）」について、

「本来は跳ねたりせず、爪先はずっと付けたまま。浮かせるのはかかとだけで、ガシンと大地を踏みしめることを繰り返す」

そう説明する古老もいる。

リムセには必ずウポポ（アイヌの伝統歌）が付く。同じ歌詞でも地域によって節や踊りが違うのも特徴で、本来は熟練の技を持つフチ（おばあさんの尊称）がウポポを担当。若手は踊りながら、フチ独特の節を心に刻んでいく。いつか「自分の節」で歌えるように。

ウポポの特徴は「自由度が高い」こと。特に西洋音楽の影響を受けていないであろう時代は、音程の高さだけでなく、裏声と地声をすばやく交替させて独特のコブシを効かせたり、低くうなるような声や吐く息の摩擦音が加わるなど、声音が多彩。かつては一人ひとりが、声音をさま

ざま工夫して湧き出る心をウポポで表現し、時間をかけて「自分の節」を作っていったのだ。

ウポポには、座り歌やウコウク（輪唱）など、踊りを伴わないものもある。

「人が集まって、ちょっと良い気分になったら、何をしていても必ずみんなウポポを歌い出すんです」

幼かった昭和40年代の記憶を語ってくれたのは、旭川出身の女性。

「霧や波など自然の情景を歌ったウポポもたくさんあります。山ブドウや山菜採りのウポポもあるんですよ」

そう教えてくれた女性は、幼い頃、フチたちがお酒を飲んだとき、ほろっと口をついて出たイフンケ（子守唄の一種）や、普段は愛嬌のある祖母が口ずさんだしんみりしたヤイサマ（心からあふれ出る即興歌）が、今もその生き様とともに、心の中で層になって積み重なっているという。

一方、「本来ウポポやリムセは、人に見せるためのものではない」と話すのはある古老。かつて、養育した子グマをカムイの国へ旅立たせるアイヌの風習、イオ（ヨ）マンテ（霊送り）が数日かけて行われたときは、女性たちがカムイである子グマを囲み、その霊魂を喜ばせるため歌い踊っていたのだ。さらに、旧アイヌ民族博物館館長の野本正博さんは、

「踊りは祈りに等しい」

と話す。たとえば白老地方で伝承されている『水鳥の踊り』は、渡り鳥が水面で舞う様子や、美しい隊列を描いて飛んでいく光景を真似ている。この一見優雅な、言葉では表しきれない情景を表現した踊りに、深遠な精神文化を感じると言う。実は、渡り鳥の編隊がきれいなときは、サケが豊漁になるという見方もあり、踊りと豊漁、両者の関連性に、呪術的な色彩の強さを感じると言うのだ。

「生きるために必要な食糧を得るために、渡り鳥がもたらす情報をサケの遡上や漁期に関わることとして捉え、望みどおりの結果がもたらされるよう願って演じたのかもしれません」

リムセには、踊ることでしか表現できない想像力の世界があるのだ。

アイヌ

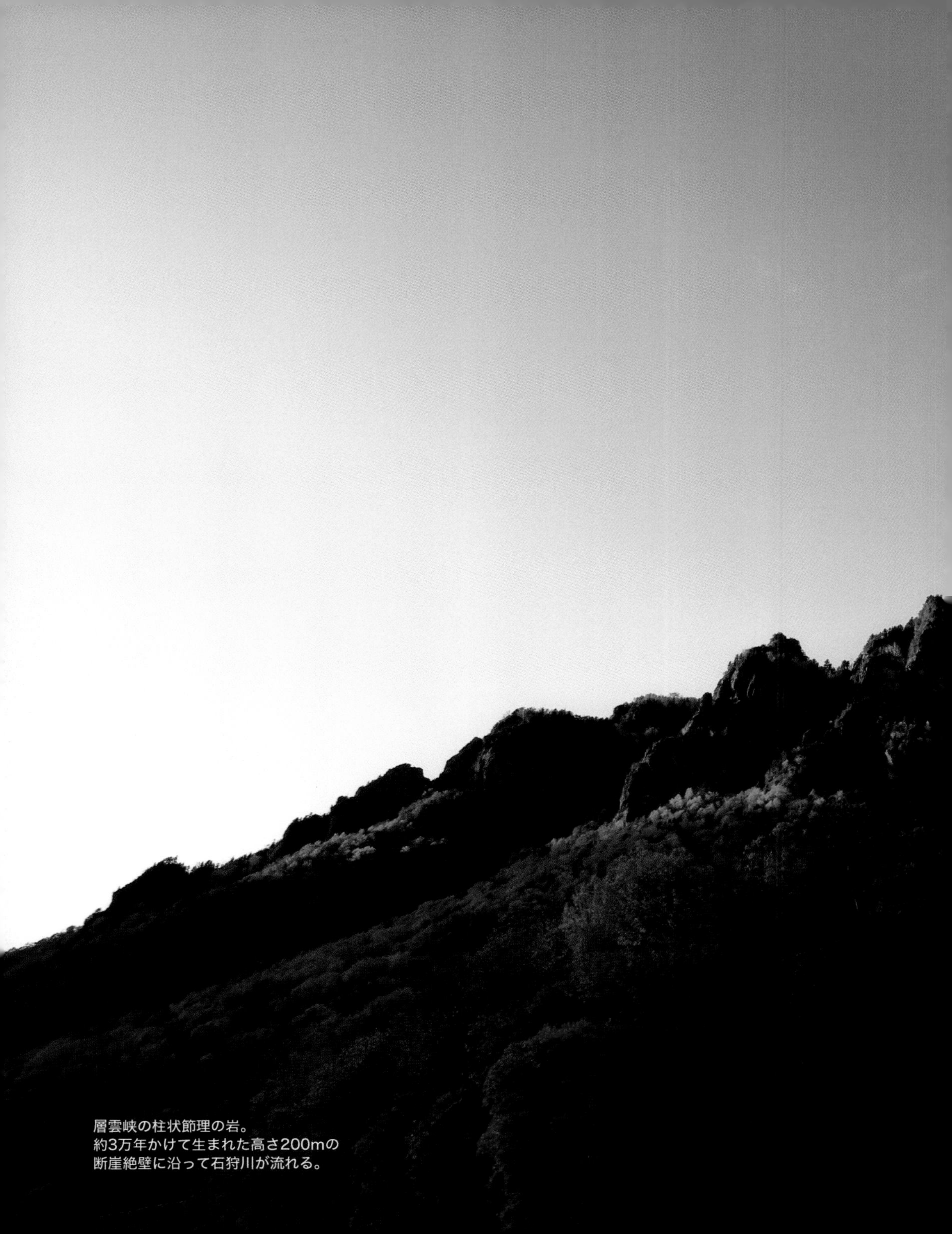

層雲峡の柱状節理の岩。
約3万年かけて生まれた高さ200mの
断崖絶壁に沿って石狩川が流れる。

伊澤修一さん、一浩さん親子。
「先祖が良いと言うことは行い、
駄目と言うことはしない」を貫く。

それは、短い夏の盛りの7月31日のことだった。

「明日のカムイノミ（カムイへの祈り）はしないことになったから」

上川《かみかわ》アイヌ協会の会長、伊《い》澤《ざわ》一浩《かずひろ》さんが電話口で言う。

明日、つまり8月1日は、層雲峡で火祭りが行われる日。年に一度、和太鼓あり、打ち上げ花火ありの、にぎやかに開催されるこの祭りで、伊澤さんたち上川アイヌの人たちは、毎年さまざまな踊りと一緒に、シマフクロウをカムイの国へ送る儀式「フクロウ神事」の主要部分を、舞台上で再現している。

もっとも、伊澤さんの言うカムイノミは、舞台上での神事だけではない。祭り当日の午後、夜の舞台に先立って、無事行事が終わるよう、みなが一堂に会して行う正式なカムイノミのことも指している。

駄目なものは駄目

そもそも、ことの発端となったのは、前年から火祭りが8月に行われるようになったことにある。

「もし来年も8月にするようだったら、俺たちは参加しない」

伊澤さんの父、修一さんは、7月初旬にはじめて会ったとき、きっぱりとそう断言した。

「8月はカムイノミをしてはならないと、親爺から聞いてきた。イナウ（木幣）も削っては駄目だと。でも、これはうちの地域に伝わる話。他は知らないよ」

火祭りを7月に。そう進言したにもかかわらず、今年も8月に決まってしまったのだ。

「昔から駄目と言われることは、何か理由があって禁止されているはず。それがなぜかわからなくても、先祖がいるから、今自分がいるのだから、先祖が良いと言うことはやるし、駄目と言うことはやらない。それだけだ」

修一さんの毅然とした態度に、一本筋の通ったアイヌ本来の姿を見た気がした。

翌日、カムイノミが行われる予定だった時間にチセ（住居）に行くと、伊澤さんの親戚だという兄弟が、囲炉裏に火を熾しているところだった。聞けば、正式なカムイノミができないことをカムイたちに報告し、お詫びするカムイノミをこれから行うのだという。外はどしゃぶりで、室内の空気もどことなく重い。

ほどなく、チセに顔を見せた一浩さんが、「親爺がやらないって言うからさ」と、修一さんが最終的な判断を下したことを説明した。

もっとも、今回カムイノミを行わないと決断した理由は、8月だからというだけではない。数ヶ月前、伊澤さん一家の身内に不幸があり、アイヌのしきたりに則って、1年ほど一家全員がカムイノミに参列できないのだ。この日もカムイノミが始まる直前、一浩さんは席を外した。

アイヌプリ

チセがある北の森ガーデンは、層雲峡から20kmあまり旭川方面に走ったところにある。敷地の一角にある土産物屋をのぞくと、修一さんがいつものように木彫り作業をしていた。自作の品がずらりと並ぶ小さな店の上部には、風格あるエカシ（長老）の写真。修一さん、そして一浩さんも、ともに敬愛する故・日川《ひかわ》善次郎《ぜんじろう》さんだ。

「日川のエカシはうちの親戚で、親爺の兄貴分だったんだけど、開拓民がアイヌの家に置き去りにしていった子どもでね。当時そういう子はけっこういて、学校に行ったらアイヌと言われ、コタンに戻ればシャモ（日本人の蔑称）と呼ばれて、大変だったらしい」

日川善次郎という名前は、これまで何度も耳にしてきた。カムイノミにも精通した立派なエカシだったと。アイヌの血が流れている、流れていないに関係なく、その風習やしきたり、文化の中で育ち、自らもアイヌプリ（アイヌらしい生き方）を実践して、多くの人に尊敬されるエカシになる人もいるのだ。その生き様は、修一さんや一浩さんの記憶にも刻まれて、今も指針として息づいているのだろう。

修一さんは旭川出身。中学卒業後、両親や兄弟と一緒に上川町に移り住んだ。

「親爺はみんなから信用があったみたいで、旭川時代は、正月になると1週間くらい近隣のエカシやフチ（おばあさんの尊称）が伊澤家に集まって、毎日昔話や踊りを楽しんだものだよ」

ちなみに修一さんの4代前の祖先、伊澤太郎なる人物は、宮城県出身の士族だという。開拓民として北海道に移住後、アイヌの女性と結婚した。

「その嫁さんの兄貴がセッカウシと言って、コタン（集落）の首長でね。松浦武四郎が北海道を訪れたとき、案内役を務めたんだ」

さらに、太郎氏の戸籍を調べたら、母親が東北地方に生き残るアイヌだったことが判明した。

「だから伊澤太郎も、もともとアイヌに縁があったんだね」

知り合いの学者が作成してくれたという伊澤家の家系図を、テーブルいっぱいに広げながら修一さんが言う。そのとき、昔は先祖供養の際だけでなく、アイヌ同士が初対面であいさつするときも、互いの先祖の名前を代々遡って名乗り合っていたと、あるアイヌの男性が話していたことを思い出した。

うさぎが獲れれば一人前

修一さんの父、政春さんは狩りの名人だったという。夏は木彫り、冬は鉄砲撃ちをして生計を立てていた。毛皮は売り、肉は農家の人と物々交換をして、米や野菜を手に入れていたのだ。修一さんも、政春さんと一緒にたびたび山に入ったという。

山に入るときは、山の入り口でまず山のカムイに向かってあいさつをし、怪我など事故が起きないようにとオンカミ（礼拝）をする。帰るときも、何事もなく帰れることに感謝してオンカミ。それが基本だという。

一浩さんは上川アイヌ協会の会長。
アイヌ文化への理解を深めてもらうため、家族と力を合わせて活動している。

「獲物が大きいときは、若い人を呼んでその場で解体をして、頭蓋骨は置いてくる。小さい動物の場合は、そのまま持ち帰って、次に山に入るとき、頭蓋骨を山に返していたね」

中でも道北、道南地方では、熊の頭に付いているものはすべて山に返すことが鉄則と伝えられている。

「以前、熊の牙でネックレスを作った知り合いが、おかしな自殺を遂げたんだ。だから駄目と言われることには、何か理由があるんだよ」

父、政春さんの話題は、さらに続く。

「親爺は山で迷ったことがなくてね。沢は一本ごとに流れる水の音が違うから、その音を聞き分けて、自分のいる場所を常に把握していた。歩き方も、ゆっくり歩いているのに速いんだよ」

特に熊を仕留めるときは、最低25mは近づかなければならないため、いかに熊にわからないように近づくか、歩き方にも技が必要になってくる。政春さんはその技を体得していたのだ。

狩りで大変なのはうさぎ。特に雪原の中で白いうさぎを見分けるのは、初心者には至難の業だが、慣れればうさぎの形が浮かび上がって見えるという。

「うさぎが獲れれば一人前だ」

とはいえ、狩猟という言葉には、どこか残酷なイメージもつきまとう。日々豚や牛、鳥の肉が我が家の食卓に上るにもかかわらず、である。だが、そんな思い込みは、修一さんの言葉で消えて行った。

「親爺は言っていたよ。うまそうと思ったら獲れ。かわいいと思ったら殺すな、とね」

アイヌの人々の狩猟は、生きるか死ぬか、おそらくぎりぎりの想いの中で行われていたのだろう。狩猟採集を通し、他の生命に真剣に向き合うからこそ、大事にいただく。無駄にせず、食べ尽くす。そして、心を尽くして、その魂を

修一さんの父、政春さんの言葉で心に残っているのは、「だまされてもだますな」。厳しく、そして温かい人柄。

カムイの国へ送る。

「山はみんなのものだと思っている」

修一さんは言う。その「みんな」は、人間だけを指しているのではない。動物や植物も入っている。

「最近は、札幌の民家の近くにも熊が出没して、熊が悪者みたいに言われている。でも、もともと熊がいたところに人間が家を建てているのだし、山菜を採るにしても、熊も山菜を食べることを忘れちゃ駄目だね。つまり、熊の食べ物を人間が採っているということさ。熊にしても、何か食べているときは、今食べているから近寄るなと、木を叩いて音を出し、ちゃんと合図を送っている。それを人間が聞き逃さないことが大事なんだよ」

アイヌとは、人間を指す言葉。カムイに対し、また他の生命に対し、人間としてどう向き合うか。狩猟民族が捉える「人間」という言葉の意味は重い。

見て、感じて、覚えろ

気がつくと、雨が上がっていた。

今日の行事に参加するため、阿寒から来たというアイヌの親子が、修一さんにあいさつをと店に顔を出した。久しぶりに会うのだろう。軽く抱き合いながら再会を喜び合っている。

「昔はこういうとき、ヒーヤーと言いながら、ほっぺたをくっつけて抱き合ったんだよ。今はそうする人もいなくなったけれど」

層雲峡の火祭りが始まったのは、昭和33（1958）年。フクロウ神事をはじめとする出し物は、現在温泉街の仮設舞台で行われるが、当初は石狩川沿いの山の中で行われたという。

「昔は層雲峡にもチセがあって、カムイノミもしていたんだよ。当時はカムイノミに参列できるのはエカシだけで、30代だった俺は見ているだけ。トゥキ（杯）も触らせてもらえなかった」

だがどうしても触りたかった修一さんは、同世代の友人と一緒に、ある夜、日川善次郎エカシが寝ている間にチセに行き、こっそりトゥキを使ってカムイノミのまねごとをしたという。

「そしたら、日川のエカシが起きてきて、こら、何やっているんだって怒られて」

それほどカムイノミは厳粛なものだったのだ。神聖なイナウも、エカシが許可してはじめて削ることができたという。技術があるからと、誰もが作れるわけではなかったのだ。

「でも、俺は許可をもらう前に日川のエカシが亡くなったから、未だにイナウを削れずにいるんだ。周りからは、修ちゃん、もうそろそろいいんじゃないって言われるんだけどね」

強面の顔が、一瞬幼い子どもに戻ったような、はにかんだ表情になった。

修一さんは、上川地方独特の笹葺きのチセを、きちんと

北の森ガーデン敷地内にあるチセ。伊澤さん親子が作った。ササは一枚一枚丁寧に編まれている。

造れる数少ない一人。やはり政春さんに造り方を伝授されたという。もっとも、

「親爺はああしろこうしろと、一切言わない人だった。アイヌは教えるのではなく、何でも見て、感じて、覚えろ、だからって」

最初にチセ造りに参加したのは24、25歳の頃。以来、10軒ほどのチセを造ってきた。

「チセはちゃんと造れば30年持つ。以前作ったものは、30年経っても一度も雨漏りしなかったよ」

幼い頃からいろいろな地でカムイノミに参加してきたのも、すべて政春さんの「何でも見て、感じて、覚えろ」というモットーに基づいてのこと。その精神は、修一さんにもしっかり受け継がれている。息子の一浩さんを、幼い頃から同じようにあちこちに連れて行き、アイヌの伝統衣装を着せてカムイノミなどの行事に参加させてきたのだ。一浩さんは言う。

「ガキの頃から、いろいろなエカシのすごさを直に見てきたのは、やっぱり大きいよね」

アイヌのこころは、見えないところで脈々と受け継がれているのだ。

踊りとともに

火祭り本番は、伊澤家の親戚や友人たちが各地から集まって、にぎやかになった。フクロウ神事こそないものの、踊りは例年通り行われ、修一さんの妻、フサ子さんの軽妙

朝焼けの石狩川上流。

な進行で、観る人を楽しい雰囲気に引き込んでいった。

一浩さんとフサ子さんは、嫁いだ妹さんなどと一緒に、夏の間、層雲峡の「ホテル大雪」で、毎晩踊りを披露している。20代の頃、日川善次郎エカシの愛弟子から、踊りの基本を徹底的に叩き込まれた一浩さんは、ある意味、踊りとともに人生を歩んできたのだ。

祭りの後、控え室はお盆に帰省したときのような、和気あいあいとした雰囲気になった。フサ子さん手製のシト（団子）やオハウ（汁物）なども並んでいる。

じゃ、そろそろ。これ以上居座ると迷惑かなと帰ろうとすると、フサ子さんが、「私が作ったポネサバを、食べないで帰るっていうのかい？」と言う。ポネサバとは、豚骨で出汁を取ったオハウ。鍋いっぱいに作ってある。時間をかけて煮込んだのだろう。旨味たっぷりのそのオハウを口にした瞬間、思わず体の力が抜けた。人の温もりが伝わってきたのだ。

「アイヌ　ネノ　アン　アイヌ（人間らしい人間）」

あるフチの言った言葉を思い出した。

そう。この家族は、人間らしく、温かい。

層雲峡の伝説

高さ約200メートルの断崖絶壁が、20㎞以上も続く層雲峡。石狩川の水源に近いこの地は、もともと人が住まないカムイたちのエリア。アイヌの人々も、この地や柱状節理の岩をパウチという名のカムイが築いたと考え、かつては「パウチカㇻ・コタン（パウチカムイの築いた集落）」、「パウチ・チャシ（パウチカムイの砦）」と呼んでいたという。

もっとも、このパウチカムイ、実は淫魔。普段はカムイの国にあるススランペッという川の畔で、男女ともに全裸で踊りながら暮らすと考えられている。だが、時折地上界に現れて、世界中を踊り歩きながら人間を誘惑。世の中を攪乱して回る。浮気をするのも、パウチカムイが取り憑いたせい。だからアイヌの人々は、取り憑かれたと思われる人を棘の付いた枝で叩き、川に落として、パウチカムイを追い払っていたという。

だがそんな困り者のカムイも、層雲峡のある大雪山国立公園内では、なぜか工芸巧みなカムイに変身。カムイたちの着物を作らせると、誰も真似できない立派な技を持つと考えられている。伝説によれば、この地を守る善きカムイでもあったようだ。

かつての石狩川は、サケやマスの宝庫。各地から越境者や食糧を狙う野盗がいて、常に川筋に住む人々の生活をおびやかしていた。だがあるとき、大雪山を越して侵入してきた野盗たちが、川の上流から筏《いかだ》で下り、層雲峡にさしかかった。ふと見上げると、崖の上で裸の女神が乳房をぶらぶらさせて踊っている。野盗たちは大喜び。舟の舵をとることも忘れ、滝壺に落ちてしまったという。

カムイが宿る北の大地には、土地ごとにさまざまな伝説が残っている。

イヤイライケレ

オオオオオオォオー。

ウココセと呼ばれる男性のかけ声が、阿寒湖に響く。まりも祭りの余韻に満ちた遊覧船の甲板で、アイヌの男性数人が、湖に向かってオンカミ（礼拝）をし、祓い具のタクサやいくつかのイナウ（木幣）を湖に捧げている。

このウココセは、まりも祭りの期間中、何度か耳にしてきた。マリモを迎え、送るとき。「剣の舞」が踊られるとき。中でも松明を手にした行列が、「阿寒湖アイヌコタン」に到着したときは、長い行列からのウココセと、出迎えるコタンからのウココセが、闇の中で勇壮に掛け合い、「同士よ」という呼びかけにも、「今年も会えた」という感慨にも聞こえた。だが今日のウココセは、なんとやさしく響くのだろう。

まりも祭りの最終日、午前中にコタンを後にしたアイヌの人々は、マリモを捧げ持つ祭主を中心に再び列を組み、マリモを送る儀式が行われる湖畔の広場に向かっていく。もっとも、この日は途中いくつかの場所に立ち寄る。明治時代、阿寒湖畔をとりまく森林保全に尽力した前田正名氏の胸像や、この地の鎮守である阿寒岳神社、そして、前田氏の遺志を引き継いだ前田光子さんの住居、前田記念館それぞれで、日本語による感謝の祈りが捧げられ、神社では、二礼二拍手一礼の参拝を行った。

まりも祭りは、先人たちが遺したひとつのメッセージ。そう思うようになったのは、通い始めて2年目のことだった。祭りという型を通してカムイノミを継承し、民族としての誇りに目覚めること。そして、この地の自然を守るため尽力した人たちへの感謝を忘れないこと。たとえ、それが和人であっても。本来は自分たちアイヌが、自由に暮らした土地であっても。

甲板では、最後のイナウが捧げられようとしている。兄貴分の男性がその役に指名したのは、あどけない表情の高校生。

「イナウは投げるんじゃねえぞ。捧げるんだぞ」

先輩の言葉にうなずきながら、オンカミをはじめとする一連の所作を、見よう見まねでぎこちなく行い、祭りの間チプ（丸木舟）の護り神だったイナウを湖に捧げる。先輩たちの温かいウココセが響く中で。

イナウを湖に捧げるときの気持ちを、兄貴分の男性はそう表現した。

「『どうもありがとう』という感じかな」

この旅で、何度その言葉を聞いただろう。カムイノミも、多くの場合この言葉で締めくくられる。

「イヤイライケレ（ありがとう）」——。

無事カムイノミを終えさせてくれたカムイたちに。日々自分たちを生かしてくれる豊かな自然に。先祖に。今自分がここにいられることに。

多くの感謝が込められたこの言葉を、自分もそっと言ってみる。

イヤイライケレ。アイヌの人々が守り継いできた、この北の地の豊かな自然に。何より、アイヌの人々と日本語で話せることに。

民族固有の言語を奪われるという、計り知れない犠牲と悲しみの上に成り立っている、このけっして当たり前ではない事実を、同じ国土に暮らす人間として無駄にしないこと。それが自分にできる唯一のことかもしれない。

船は雄々しい雄阿寒岳に見守られ、風を切って澄んだ湖を渡っていく。

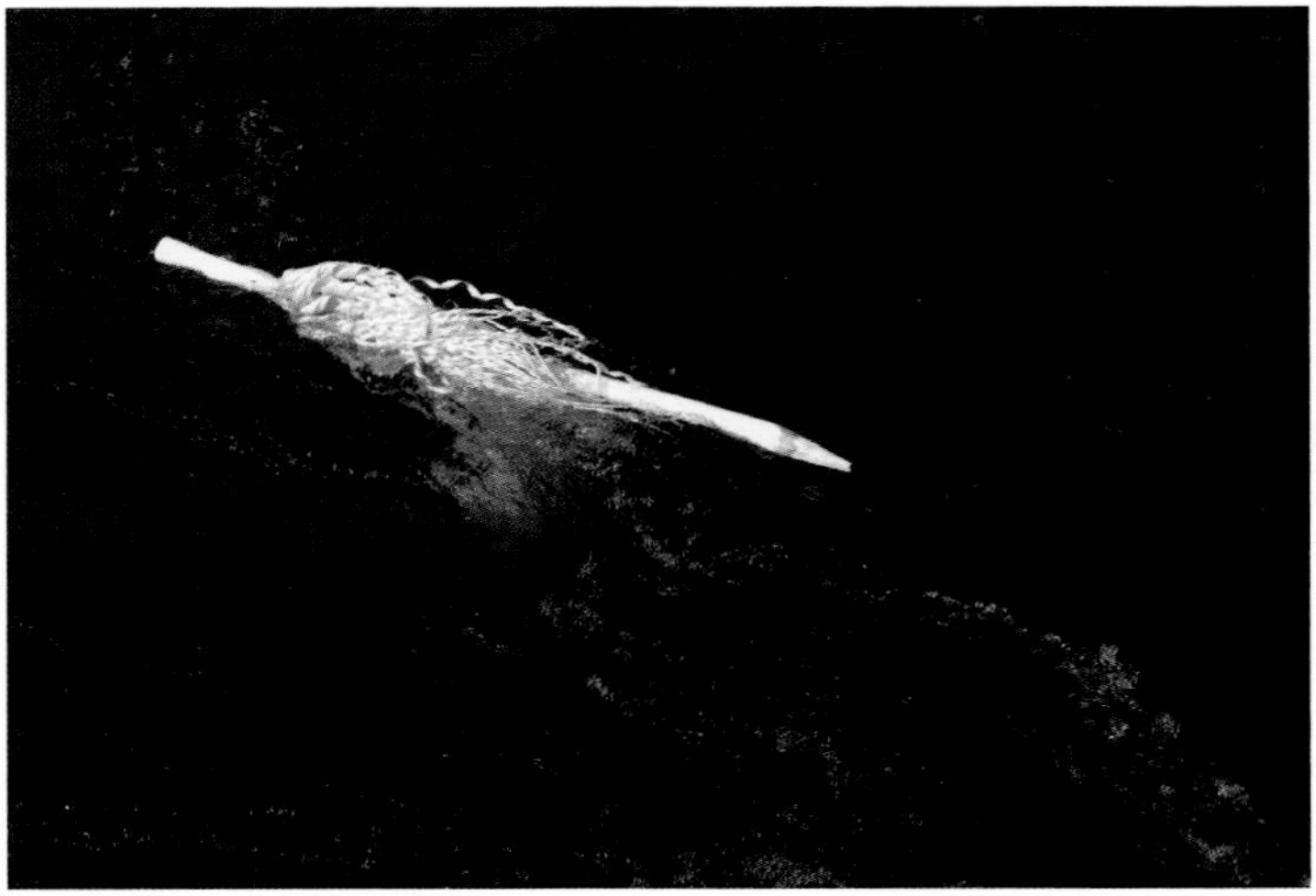

とんぼの本

カムイの世界《せかい》

語《かた》り継《つ》がれるアイヌの心《こころ》

発行　2020年3月25日

著者　堀内《ほりうち》みさ
撮影　堀内昭彦《ほりうちあきひこ》
発行者　佐藤隆信
発行所　株式会社新潮社
住所　〒162-8711 東京都新宿区矢来町71
電話　編集部 03-3266-5611
　　　読者係 03-3266-5111
ホームページ　https://www.shinchosha.co.jp/tonbo/
印刷所　大日本印刷株式会社
製本所　大日本印刷株式会社
カバー印刷所　大日本印刷株式会社

ISBN978-4-10-602292-0 C0339

ブックデザイン
新潮社装幀室

地図製作
ジェイ・マップ

シンボルマーク
nakaban